PÈRE ET FILS

MOUNDIR ZOUGHARI
et Olivia Karam

PÈRE ET FILS

Robert Laffont

Vous pouvez consulter notre catalogue général
et l'annonce de nos prochaines parutions sur :
www.lisez.com/

92, avenue de France 75013 Paris
ISBN 978-2-221-25382-3
Dépôt légal : mai 2021

À toutes les mères et tous les pères de famille
qui ont émigré pour vous offrir une vie meilleure,
à vous, leurs enfants.
C'est à votre tour de reprendre le flambeau.

Je m'appelle Moundir. Moundir Zoughari. J'ai arrêté l'école très tôt, je n'ai pas fait de longues études et mon orthographe est déplorable, mais aujourd'hui je suis fier de l'homme que je suis devenu grâce à mes valeurs. Et tu en serais fier aussi, Papa. Maman me le dit souvent. Parce que tu nous as élevés, mes frères et moi, dans le respect, le travail et la discipline, et parce que mon guide, mon modèle, mon idole, c'est toi. Gagner ta confiance, mériter ton amour et ne pas te décevoir, voilà ce à quoi je n'ai cessé d'aspirer. Enfant, d'abord, quand il fallait donner le bon exemple, se tenir correctement sur les bancs de l'école (et tu sais combien ce fut difficile pour moi !), et se montrer vaillant, discret et respectueux, quoi qu'il m'en coûte. Jeune homme, ensuite, quand j'ai cherché mon chemin, enchaîné galères et petits boulots pour essayer de subvenir bon an mal an à mes besoins. Adulte, ensuite, puis père de famille, enfin, cet homme que je suis aujourd'hui et que je regrette que tu n'aies pu connaître, car tu as été emporté trop tôt par la maladie.

C'est grâce à toi et à Maman que j'ai grandi dans le respect, la culture du travail et le goût de l'effort. Grâce à toi que je n'ai jamais dévié du chemin, même dans les moments les plus dangereux de mon parcours chaotique.

Et pour tout ça, je ne te remercierai jamais assez.

1.

Du plus loin que je me souvienne, les grandes vacances sonnaient pour moi, chaque année, comme deux mois de liberté. L'école n'était pas ma meilleure amie – loin de là –, et c'est avec un bonheur inouï que je voyais celles-ci se dessiner dès que le dernier jour de classe arrivait. Direction le bled pour huit semaines, quelle aventure ! Le break Renault bleu nuit, chargé à bloc, doit encore s'en souvenir, lui aussi. Chaque année, jusqu'à mes dix-sept ans, c'était la même histoire, la même expédition.

Mon père avait travaillé jusque tard la veille au soir. Comme tous les jours, d'ailleurs, vacances ou pas : même en Algérie, il trouvait le moyen de bosser. Le travail, c'était son ADN, jamais il ne restait sans rien faire. Mes frères et moi, sous la houlette et l'œil attentif de ma mère, avions préparé nos affaires qu'elle avait soigneusement empaquetées : nous avions hâte de montrer tout ça à nos cousins ! Bien sûr, ma mère s'était aussi chargée de l'ensemble du ravitaillement pour la route. Pas question de dépenser de l'argent sur une aire d'autoroute pour un mauvais sandwich hors de prix alors qu'elle pouvait s'organiser et prévoir les repas de sa tribu. Tout était calculé pour éviter les dépenses inutiles. C'était notre mère qui tenait les cordons de la bourse, et rien n'était laissé au hasard : du péage à l'essence en passant par les boissons et les casse-croûte emballés dans du papier d'alu disposés dans deux glacières, le moindre sou était compté. Nous n'avons jamais manqué de rien, mais élever six enfants, ça demande un peu d'organisation… Et, ne nous voilons pas la face, avec un père ouvrier, on ne menait pas une vie de palace.

Au plus noir de la nuit, pour limiter les heures de route sous le cagnard (la clim dans la voiture, c'était encore de la science-fiction, à l'époque), tout le monde montait dans le break, s'entassant tant bien que mal dans l'habitacle encombré. Partout, des sacs, des valises énormes, des malles et tout un bric-à-brac d'objets en tout genre encombraient le coffre, le sol… On les ficelait aussi tant bien que mal sur le toit. Et il n'était pas rare de croiser, sur la route, des véhicules débordant de toutes parts comme le nôtre !

Pour mes frères et moi, voyager de nuit c'était déjà partir à l'aventure ! Le code de la route était loin d'être aussi strict qu'aujourd'hui : pas de ceintures de sécurité ou de rehausseurs, on rabattait les sièges du break, on s'allongeait sur la banquette et entre les sièges et on regardait le ciel en s'endormant comme si on était au Four Seasons. On nous réveillait pour les arrêts pipi et le pique-nique au bord de la route, puis quand on arrivait au port, déjà chauffé par le soleil.

C'est ma mère aussi qui prenait soin de choisir des cadeaux pour chaque membre de la famille, les cousins, les cousines, les oncles, les tantes… J'appelais ça la « taxe », comme à l'Urssaf !

Après plus de douze heures de route quasi non-stop (notre chauffeur restait concentré sur le timing de son itinéraire mais sa copilote veillait à ce qu'il se repose malgré tout et l'obligeait à des arrêts réguliers), nous arrivions enfin à Marseille ou à Sète pour faire monter la voiture sur le bateau. À Marseille, c'était le *Liberté*, un bateau très cher que nous n'avons pris qu'une fois, et à Sète, c'était le *Tipaza* ou le *Hogar* (une marque de cigarettes algériennes si fortes qu'elles dégageaient une odeur de gasoil !), des bateaux de marchandises algériens où nous dormions à même le sol.

Ah, ces traversées ! Ce n'était pas « La croisière s'amuse », loin de là… Sur ces ferries, c'était plutôt « la traversée de l'angoisse ». Vingt-quatre heures d'enfer jusqu'à Oran ou Alger, serrés comme des sardines sur des fauteuils de cinéma ou allongés tant bien que mal entre les sièges sur de grands tissus que ma mère déployait au sol. Enfin… C'était surtout l'enfer pour nos parents, parce que mes frères et moi, on adorait faire la course entre les passagers. Parfois pourtant, calmes, nous regardions la mer s'étendre à l'infini sous nos yeux. Bercés par le roulis, le visage fouetté par le vent, nous ressentions au plus profond de notre être que la destination approchait, que notre but, les vacances au soleil avec les cousins, n'était plus très loin. Quand je repense à ces instants, j'ai l'impression de sentir les embruns se poser sur mes joues et l'odeur de la brise marine. C'était l'odeur de la liberté.

Au bled, la famille au complet était réunie pour notre arrivée. Tous avaient été avertis de la date de notre venue. On débarquait avec nos grosses valises en cuir renforcées par des longues ceintures et qui débordaient de partout. Pas le temps de prendre ses quartiers. Je me souviens qu'il y avait du monde dans le salon, dans la cuisine et à peu près partout dans la maison. Mais on savait pourquoi ils étaient là : au-delà du plaisir de nous retrouver, chacun attendait surtout sa petite surprise, son petit kif… Ma mère avait pensé à tout le monde. C'était elle qui ouvrait les valises, distribuant à chacun ce qu'elle avait prévu pour lui.

Là-bas, on ne trouvait pas grand-chose, à l'époque ; il n'y avait aucun produit de marque comme ceux qui remplissaient les rayons des supermarchés français. Je crois qu'on aurait pu tenir un siège avec tout ce qu'on emportait. On arrivait avec des bricoles qui n'existaient pas en Algérie : des tablettes de chocolat Milka, des paquets de bonbons Kréma, des baskets en plastique achetées trois fois rien au supermarché mais qui faisaient briller les yeux des petits comme des grands. Ils n'avaient rien de tout ça, là-bas. C'était le luxe d'arriver avec des trucs pareils ! Les cousins, les oncles, les tantes, on aurait dit des personnages de Tex Avery avec leurs gros yeux : ils étaient émerveillés, en admiration totale. Pour les adultes, il y avait aussi des cartouches de cigarettes et un peu d'argent. Chacun avait droit à quelque chose.

Mais c'était devenu un dû... Comme pour toutes les familles qui ont émigré en France. Ce sont des familles qui ont « réussi ». Partir à l'étranger, c'est synonyme de réussite. Alors rentrer au bled, c'est aussi faire la démonstration de sa place sociale, de son rang : on ne rentre pas les mains vides. Tout le monde doit avoir sa part du gâteau.

D'ailleurs, pendant tout l'été, c'était la famille au grand complet qui prenait tous ses repas chez nous. Les femmes se mettaient aux fourneaux (ça les occupait quasiment la journée entière), dans un pépiement joyeux qui sortait de la cuisine de mes parents. Quand j'y pense aujourd'hui et que je réalise ce que ça représente de préparer des repas pour une famille, je me dis que ma mère, c'est vraiment une sainte. Pas une fois je ne l'ai entendue se plaindre ou ronchonner. Jamais. De quel courage et de quelle abnégation elle a fait preuve avec ses six garçons à la maison ! Je suis si fier d'elle, de son courage, de sa rigueur et de sa force, le tout délicatement enveloppé d'une grande douceur et d'une sagesse inouïe.

Je garde un souvenir ému de ces départs en vacances, de ces voyages qui ont rythmé mes années d'enfance. C'est comme si toute ma vie de petit garçon se concentrait le long de cette route qui nous menait « chez nous », en Algérie, pour quelques semaines d'été. Ces moments comptent parmi les meilleurs souvenirs de mon enfance.

2.

Mon père est né en août 1942 à Mostaganem, la « ville des mimosas », celle où Albert Camus passa son enfance et dont il écrivit, à l'occasion de son appel à la trêve civile en Algérie en 1956 : « J'ai aimé avec passion cette terre où je suis né, j'y ai puisé tout ce que je suis… » Il a grandi dans la maison familiale, une ancienne prison turque, immense, toute de guingois, face à la mer, dans ce que les Français de l'Occupation avaient coutume d'appeler le « quartier musulman ». Mon grand-père, contremaître au port, était très respecté dans ce quartier, car il permettait à toute une communauté de vivre et de manger à sa faim : comme il dirigeait toutes les arrivées des denrées alimentaires, il en gardait toujours une partie pour nourrir autour de lui près d'une soixantaine de personnes à des prix très raisonnables. Ce n'était pas franchement légal, mais c'était son côté Robin des Bois. Par ailleurs, en tant qu'adjoint au maire, il était au cœur de tout ce qui se passait en ville et au port :

chaque matin, on pouvait le trouver au débarcadère, et chaque après-midi à la mairie. Bon vivant et peu pratiquant (il ne disait jamais non à un verre d'alcool), il était parfaitement intégré parmi les Français et au sein de l'administration.

Enfant à l'époque de l'« Algérie française », comme on l'appelait, mon père avait une fâcheuse tendance à faire l'école buissonnière, ce qui était loin de plaire à mon grand-père ! Surtout quand il voyait arriver en fin de journée un professeur qui prenait un malin plaisir à venir lui-même dans le quartier musulman pour lui apprendre de vive voix que son fils ne s'était pas présenté à l'école… Alors les coups de ceinturon pleuvaient, malgré les réticences de ma grand-mère qui tentait de s'interposer, préférant la douceur à la force. Mais en vain.

Désolé de voir mon père sécher les cours et faire plus régulièrement l'école buissonnière qu'aller à l'école tout court, mon grand-père a très tôt décidé de prendre les choses en main. Un jour, il l'a attrapé et lui a dit :

— Tu préfères être dehors ? Tu ne veux pas rester enfermé ? Très bien, mais tu vas bosser, alors. Tu vas travailler le bois et occuper ton temps intelligemment.

Et il l'a envoyé chez des Français réputés pour être ébénistes. On les appelait les pères blancs, une confrérie fondée par un évêque d'Alger à la fin du XIXe siècle, qui avait pour mission de contribuer activement au bien-être et au développement du pays. Pour mon père, c'était un peu un contrat de qualification en internat. À treize ans, au sein de cette communauté, il a appris à écrire et à travailler, dans un cadre très dur et très strict, exigeant et austère. C'est ce qui l'a façonné, ce qui a fait de lui l'homme qu'il est devenu.

Pour se soustraire à cette éducation qu'il jugeait bien trop stricte et qui flirtait parfois avec la violence, mon père, avec la bénédiction de sa mère, a décidé, quelques années plus tard, d'émigrer en France, « pays de la liberté ». Mais il avait à peine dix-huit ans et ne pouvait pas quitter son pays sans l'accord de ses parents (la majorité était encore à vingt et un ans à l'époque). Qu'à cela ne tienne : il a imité la signature de son père, et s'est embarqué clandestinement sur un bateau, direction Marseille.

Son frère aîné avait fait la même chose dix ans plus tôt, se glissant dans un bateau en partance pour les États-Unis. Mais il s'était fait attraper par un « matraqueur », un de ces policiers chargés de contrôler les passagers clandestins, qui l'avait fait sortir de sa planque – finalement, son père l'avait envoyé chez un cousin, à Paris, pour faire des études.

Mon père, donc, a falsifié les documents avec l'accord de ma grand-mère et, pour paraître plus âgé, s'est laissé pousser la moustache – il ne l'a d'ailleurs plus jamais rasée, elle est devenue pour lui l'emblème de la liberté.

Il a embarqué à Oran pour Marseille, avec une petite fortune en poche, confiée par sa mère. Quatre francs ! À peine débarqué, il a sauté dans un train pour Paris, toujours en fraudant, et rejoint son frère Samy qui avait entre-temps terminé sa scolarité au lycée Charlemagne, au milieu du gratin parisien, et tenait à présent une boîte de nuit à la mode.

C'est ce frère qui lui a offert son premier job à Paris, en l'embauchant comme videur et agent de propreté dans sa boîte de nuit : au petit matin, avant de quitter l'établissement, il devait frotter la piste de danse jusqu'à ce qu'elle brille comme un miroir.

Pendant plusieurs mois, mon père n'a pas eu d'endroit où dormir. Il passait ses nuits à la rue, trouvant refuge dans les halls d'immeuble, sans rien avouer à son frère qui le pensait au chaud dans une minuscule chambre de bonne qu'il lui assurait avoir trouvée en échange d'un loyer dérisoire. Il ne voulait surtout rien devoir à personne et conserver sa dignité coûte que coûte. C'est un client de la boîte de nuit qui a fini par rapporter qu'un « Arabe dormait sous un porche » à côté…

Mon oncle comptait parmi les habitués de son établissement le directeur de l'école Boulle, une prestigieuse école d'arts appliqués où on travaille notamment le bois : une discipline que mon père adorait et pour laquelle il avait des facilités. La sélection pour s'inscrire était rude, encore plus pour un « indigène musulman ». Cependant, le directeur avait tout de suite saisi qu'il était doué : pour l'avoir vu à l'œuvre dans la fabrication d'une chaise, il était clair à ses yeux qu'il avait de l'or dans les mains. Sans rien lui demander en échange, il l'a inscrit dans son établissement pour qu'il suive les cours d'ébénisterie. Mon père y est resté quatre ans, complétant ensuite sa formation par le travail de l'aluminium, plus en vogue à l'époque.

À la fin des années 1960, mon père est sorti de l'école avec un diplôme et un grand savoir-faire, prêt à se lancer sur le marché du travail. Mais il a dû rentrer en Algérie à la demande de sa mère : il était plus que temps de rendre visite à sa famille et, surtout… de trouver une épouse.

Ma grand-mère, bien décidée à marier son fils dès son retour, avait déjà « choisi » un certain nombre de jeunes femmes à lui présenter. Parmi ces promises, alors qu'une rencontre avait été organisée en bonne et due forme chez ses parents, mon père a remarqué très vite une fille merveilleuse, blonde, avec des cheveux soyeux et d'une longueur incroyable qui tombaient en cascade sur ses épaules. C'est elle, au premier coup d'œil, qu'il a choisie. Ce qui est drôle dans cette histoire, c'est que ma mère – cette créature de rêve aux longs cheveux blonds –, n'avait absolument pas l'intention d'être présentée à qui que ce soit, ce jour-là : elle accompagnait simplement l'une de ses cousines à ce rendez-vous. Pourtant, mon père n'a pas failli : il a trouvé les mots pour la convaincre, lui vendant la France comme un eldorado et son petit appartement comme un palace ! Tant et si bien que ma mère est finalement tombée sous le charme de cet homme charismatique et musclé qui lui promettait un bel avenir à Paris.

Très vite, les deux pères de famille sont tombés d'accord sur la date du mariage et les deux jeunes se sont unis dans la foulée.

Il faut se rappeler qu'à cette époque, en Algérie, les jeunes filles « de bonne famille » ne sortaient que pour faire le trajet de la maison à l'école et de l'école à la maison. Au mieux, elles avaient le droit de faire les courses avec une sœur aînée ou un frère afin de décharger leur mère, déjà bien occupée à briquer la maison, préparer les repas et prendre soin de toute la famille au quotidien. Autres temps, autres mœurs : à l'extérieur, elles étaient systématiquement accompagnées. Les seuls échanges se réduisaient à la cellule familiale, dans un cercle fermé de cousins, de cousines, d'oncles et de tantes. On ne fréquentait personne d'autre. Même les enfants jouaient à distance entre voisins, chacun restant sur sa propre terrasse. Il était impensable de partager les mêmes jouets ou de faire ensemble une partie de cache-cache ou de saute-mouton. Alors, bien sûr, il n'était pas souvent question d'amour dans le mariage : les unions étaient toutes arrangées au sein des familles de même milieu social.

Ma grand-mère maternelle était espagnole : elle s'appelait Catherine Garcia, ça ne s'invente pas ! Mon grand-père, lui, était né en Algérie mais il avait eu la chance de voyager à plusieurs reprises en Espagne, où on manquait d'ingénieurs, ce qu'il était. Il n'avait pas fait d'études mais il était passionné d'électricité et de mécanique : c'était un peu le Géo Trouvetou de sa famille. Dès qu'il le pouvait, il réparait des transistors, créait ou développait des systèmes ingénieux en s'aidant seulement de vieux manuels d'électricité et de mécanique qu'il se procurait au marché noir. Tout ça, il le faisait dans l'arrière-boutique familiale, une petite épicerie au cœur de Mostaganem. C'est là-bas qu'il avait repéré ma grand-mère quand elle y faisait les courses avec sa sœur aînée : l'histoire raconte même qu'il était tombé amoureux d'elle au premier regard.

En écrivant ces lignes, je prends conscience que le coup de foudre a touché mon grand-père, mon père et… moi, après eux ! Le signe sans doute qu'une grande part du bonheur des hommes de notre famille tient à l'amour inconditionnel que leur portent les femmes de leur vie.

3.

À leur arrivée à Paris en 1971, mes parents se sont installés rue Meslay, tout près de la place de la République, dans le minuscule logement que mon père louait depuis quelque temps grâce à son salaire de videur. Rapidement, ils déménagèrent à Réaumur-Sébastopol. L'appartement était un peu plus grand, il pourrait accueillir le premier de la fratrie, en 1972, mon grand frère, Kacem, que je rejoindrais à peine onze mois plus tard, le 4 septembre 1973. En débarquant dans cette nouvelle vie avec trois fois rien, mes parents n'avaient qu'une seule idée en tête, un seul désir chevillé au corps, ne jamais revivre ce qu'ils avaient subi dans leur propre pays : la guerre, la violence, la discrimination. L'humiliation. Même si je n'ai pas connu cette époque de la colonisation, elle plane chez nous comme une chape au-dessus de nos têtes. Mon père et ma mère ont dû suivre des règles, s'adapter à des principes qui n'étaient pas les leurs, baisser la tête et se taire, ne pas se faire remarquer pour ne pas risquer de se faire humilier. Mes parents n'ont pas eu d'autre choix que de se plier à ce diktat injuste, parce qu'il en allait de leur survie. Alors, pour se libérer de cet asservissement, s'ils souhaitaient fonder une famille émancipée et épanouie, c'était en France qu'ils devaient la faire grandir. Quoi qu'il leur en coûte : le déracinement, la précarité et l'isolement.

Mon père multipliait les petits boulots sur des chantiers le jour et enchaînait toujours avec son emploi de videur dans la discothèque de son frère, jusqu'aux petites heures du matin. Ce monde de la nuit, d'ailleurs, finit par lui faire un peu tourner la tête, oublier tous ses principes et jusqu'à sa religion. Il faillit même lui coûter l'amour de ma mère ce jour où il ramena, un peu éméché, de l'alcool à la maison… Ma mère ne le supporta pas. Du haut de son mètre soixante, elle rappela fermement à son mari, ce géant de près de deux mètres, qu'un bon musulman devait faire honneur à sa famille, à son père. Ce fut le déclic. Ce jour-là, il démissionna de son poste de nuit et reprit le chemin de la sagesse et du bâtiment.

Mon père était ce qu'on appelle un OHQ, un ouvrier hautement qualifié. En Algérie française, l'accès aux études et aux formations était rare. Disons qu'elles étaient réservées aux « Français ». Alors il fallait trouver des petits boulots pour gagner sa croûte, et bien souvent un business souterrain se développait dans les villages pour faire vivre sa famille décemment.

De son côté, grâce à son expérience à l'école Boulle, mon père savait travailler le bois avec une expertise incroyable. Il savait tout faire, même lire les plans d'architecte. Je l'ai vu de mes propres yeux en travaillant avec lui sur les chantiers, même les plus pointus (sur la tour Eiffel, chez Lancel ou chez Azzaro) où rien n'était laissé au hasard. Il avait toutes les prérogatives et le savoir-faire d'un chef de chantier mais sans le salaire qui va avec. Lui, il n'avait qu'une paye de Maghrébin… Il ne voulait tellement pas entendre qu'il faisait un « travail d'Arabe » qu'il se consacrait à son boulot encore mieux que quiconque, pour qu'on ne puisse jamais rien lui reprocher. Je tiens ça de lui.

Son travail, il le faisait en silence, la langue sortie, le regard sévère et la main ferme, enchaînant les heures et le dur labeur sans jamais se plaindre. Plus tard, je l'entendrais souvent me dire : « Écoute avec les yeux et regarde avec les oreilles. » Jamais je n'ai oublié ces mots. Ce n'était pas un grand bavard mais quand il parlait, c'était toujours pour nous guider, nous apprendre, à mes frères et moi : « Regarde et fais pareil. Et tais-toi », avait-il coutume de nous dire.

À seize ans, une fois signé mes premiers contrats d'apprenti, mon père nous emmenait sur les chantiers, mon frère aîné, Kacem, Tarik, de deux ans mon cadet, et moi. Pour qu'on comprenne, dès notre plus jeune âge, ce qu'était le travail. Il voulait que nous en fassions l'expérience pour qu'elle demeure ancrée dans notre corps à tout jamais. Le goût de l'effort et du travail bien fait, c'est lui qui me l'a transmis. On travaillait avec lui tout le mois de juin et les deux premières semaines de juillet, avant de partir au bled pour les vacances. Il se levait à 4 heures du matin, me réveillait à mon tour et m'emmenait alors que le soleil se levait à peine. Il emportait un caddie dans lequel se trouvait toute sa richesse : son matériel professionnel. Parce que c'est lui qui achetait ses propres outils, son poste à soudure et tout le matos indispensable. L'ensemble pesait une tonne ! Pour m'apprendre la vie, c'était à moi qu'il faisait tirer ce barda… J'ai d'ailleurs compris très tôt ce qu'était une tendinite ! Et chaque soir, je rentrais épuisé, sale, chaque muscle de mon corps engourdi par ce travail titanesque que je réalisais à ses côtés.

Mon père a consacré toute sa vie à une seule et unique chose : le travail. Sans se plaindre, s'arrêter ni compter ses heures. Même malade, il partait bosser. Jamais il n'a posé un seul jour d'arrêt maladie. Impensable de faire un tel aveu de faiblesse, de donner l'impression de dépendre de qui que ce soit ; encore moins de l'État. Demander une aide quelconque aurait été le comble de l'humiliation.

Il n'était pas payé à sa juste valeur, même s'il était reconnu dans son activité. Ses clients, ses patrons étaient souvent émerveillés par son travail, son savoir-faire, ses compétences, et par sa façon unique de gérer une équipe comme il aurait pris la direction de toute une armée d'hommes. Et je crois que cet enthousiasme qu'il voyait briller dans les yeux de ses supérieurs le comblait davantage que n'importe quel salaire. L'argent, ce n'était pas le plus important. On faisait comme on pouvait avec son salaire, et quand certaines fins de mois s'annonçaient plus dures que d'autres, on récupérait de l'aluminium sur les chantiers à droite et à gauche pour le revendre au marché de Saint-Ouen le samedi.

Je me souviens qu'il sentait le bois ou la soudure quand il rentrait le soir, éreinté. C'était son odeur, son empreinte. Je suis admiratif de cet homme entièrement dédié à son métier. Il avait subi tellement d'horreurs en Algérie que je crois qu'il incarnait l'idée du titre du film qui a propulsé Omar Sy en haut de l'affiche : *intouchable*.

Mes parents rêvaient d'un avenir meilleur pour leurs enfants, c'est pour nous qu'ils se sont sacrifiés. Il n'y avait rien d'autre qui comptait. Et mon père travaillait dur pour nourrir sa famille et ne rien devoir à personne. Et en y mettant tout son cœur. Au fond de lui, il espérait pouvoir rentrer en Algérie et y passer des jours heureux, une fois ses années de travail accomplies. Ce qui n'a pas été le cas.

Ma mère, elle, a toujours été derrière nous à la maison. C'était elle qui veillait à ce que les devoirs soient correctement faits, à ce qu'on prenne toujours le chemin de l'école à l'heure et impeccablement habillés. On avait tellement peur de rapporter un mot d'un professeur pour une mauvaise note ou un écart de comportement. Aussi peur de la décevoir que de la sanction ! Elle était fluette et toute petite, mais une seule gifle de notre mère pouvait faire bourdonner nos oreilles pendant plusieurs heures. Finalement, on préférait être corrigés par notre père, au moins on était totalement anesthésiés par la force de ses fessées. Mais il rentrait tard et c'était généralement notre mère qui s'occupait de tout ce qui concernait notre scolarité ; j'ai l'habitude de dire qu'elle était notre « ministre de l'Intérieur » !

Ce qui a guidé mes parents, toute notre enfance, c'est l'espoir de nous offrir une éducation suffisante pour nous diriger vers un métier digne de ce nom, un métier qu'on pourrait choisir. Ma mère disait toujours : « Ne vous faites pas remarquer à l'école, travaillez bien, rendez-nous fiers et soyez des exemples. Si on vous importune ou qu'on vous invective, passez votre chemin, ne cherchez pas à vous mêler à une bagarre. » Elle nous l'a tant répété que c'est devenu une sorte de mantra pour chacun d'entre nous, les six frères Zoughari.

4.

Je suis donc né un an à peine après mon frère Kacem – qui est aujourd'hui professeur d'arts martiaux et docteur en langue, histoire et littérature japonaise, ça en jette, non ? Ma mère raconte souvent avec tendresse que je ne voulais pas quitter la chaleur de son ventre et que j'ai pris tout mon temps avant de me décider finalement à sortir. Je suis arrivé avec le teint très pâle et une étoile dessinée au milieu du front : né sous une bonne étoile, donc, je suis « le deuxième aîné », comme on dit chez nous. Mon grand frère, c'est comme mon jumeau, on a tout fait ensemble, le meilleur comme le pire, parfois !

Nos premières années, c'est dans le village d'Arêches, en Savoie, que nous les avons passées. Ma mère, alors escortée de ses deux tout-petits, n'était pas malheureuse de quitter l'appartement parisien devenu très étroit. Mon père avait été embauché pour construire des chalets dans la montagne. Au milieu des années 1970, cette petite station de ski était en plein essor et il y avait du travail à revendre pour un ébéniste dévoué et dur au mal. Nous vivions en totale liberté, dans une immense grange au milieu de la nature. Cette période « Heidi dans les pâturages », une époque bénie, fait partie des meilleurs moments de mon enfance. J'étais tout petit, mais je me souviens que déjà, je ne tenais pas en place. Avec Kacem, au beau milieu des vaches et des moutons, on faisait des courses folles dans les champs qui s'étendaient à perte de vue. Un jour, j'ai même failli me noyer dans du purin en voulant escalader cette « montagne » de fumier que j'avais prise pour de la terre !

Après cette parenthèse enchantée, retour à Paris au dernier étage d'un immeuble haussmannien du quartier Strasbourg-Saint-Denis, dans un appartement à peine plus grand que celui que nous avions quitté quelques années plus tôt, avec une seule chambre et une minuscule cuisine.

C'est là que j'ai mes premiers souvenirs de « grand » et que nous avons commencé à être des garçons raisonnables avec mon frère. Il me prenait sous son aile et me disait ce que je pouvais faire ou non, comment je devais me comporter à l'école et à la maison. Je suivais à la lettre tout ce qu'il me recommandait. Il veillait sur moi comme un petit père et nous faisions tout main dans la main.

Le matin, une fois mon père parti sur son chantier, c'était ma mère qui faisait avec nous le chemin de l'école avant de se rendre elle aussi sur son lieu de travail – elle était employée dans une blanchisserie avant l'arrivée de notre frère cadet. Nous étions plutôt sages et dociles sur le trajet, mais je me souviens que plusieurs fois par semaine elle devait s'armer de patience face à notre insistance pour faire un détour par le kiosque à journaux : nous adorions passer du temps à reluquer – et à tripoter – les magazines. C'était la grande époque *Pif Gadget* et je rêvais devant les babioles ultra-tentantes que j'apercevais sous le blister ! Même si je savais bien que ce luxe n'était pas pour nous. Ma mère nous montrait souvent son porte-monnaie de grand-mère, qui faisait un petit *clic* quand elle l'ouvrait, pour me montrer qu'il était vide. « Tu vois, il n'y a plus d'argent », disait-elle, et c'était suffisant pour comprendre qu'il n'était pas question de faire des dépenses inutiles : pas de *Pif Gadget*, adieu le cadeau Bonux, rien de tout ça n'était pour nous. On a grandi très tôt avec cette responsabilisation, dans ce dépouillement. Nous ne manquions de rien et mangions à notre faim, mais à la maison, il n'y avait pas de place pour le superficiel, la frivolité ou les caprices.

Mon frère, c'est une tête, et à l'école, il l'a démontré dès les petites classes. Moi, j'avais plutôt des faux airs de Nils Holgersson au pays des oies sauvages… Je ne pensais qu'à jouer dans la cour, à rêver le nez en l'air et à faire le clown. Les leçons, les devoirs, les tables de multiplication, très peu pour moi. J'avais un mal fou à rester concentré plus de trois minutes et toujours envie de rigoler. Les heures s'égrenaient avec une insupportable lenteur. C'était quoi cette idée de nous demander de rester assis sur une chaise huit heures par jour ? La vie, ce n'était quand même pas ça ? Et les devoirs, à quoi bon ? Moi, je rêvais de liberté. Mais j'étais sage, je respectais les professeurs et j'ai toujours eu de bonnes notes de conduite. Ce n'était pas si compliqué : je faisais semblant d'écouter la maîtresse ! Je rêvais les yeux ouverts et j'attendais que la journée se termine. Mes – mauvaises – notes mettaient ma mère dans des colères noires… Je me prenais de belles volées quand venait l'heure de la signature de mes contrôles. Je me souviens que l'un de mes profs de collège, plus tard, m'avait dit un jour devant toute la classe : « Moundir, si tu dois tricher, copie sur les bons ! » C'est sûr que mon voisin, Abdul, qui ne parlait qu'arabe et ne brillait pas plus que moi, n'était pas le mieux placé pour faire remonter ma moyenne !

Qu'est-ce que j'ai pu galérer à l'école… La seule chose qui me plaisait, c'était le sport. Et vaguement les cours d'histoire, parce que ça racontait quelque chose, j'avais l'impression qu'on me révélait des pans de mon histoire et de celle de mon pays. J'ai si peu aimé l'école que j'ai redoublé mon CM1, puis mon CM2, et même ma sixième ! Je n'étais vraiment pas fait pour ça, même si j'avais le désir permanent d'être à la hauteur des espoirs de mes parents.

Au début des années 1980, on a rejoint La Courneuve pour quelques mois. L'appartement était immense et l'immeuble protégé par un gardien qui veillait sur les habitants vingt-quatre heures sur vingt-quatre ; j'avais l'impression de vivre dans un palais. Et pour la première fois, je découvrais ce qu'était un ascenseur !

Mon père était parti sur un gros chantier en Arabie saoudite, histoire de mettre un peu d'argent de côté, de « capitaliser pour l'avenir », comme il disait. C'était donc ma mère qui s'occupait de nous à plein temps. Trois petits garçons, c'est pas mal de boulot. Mais nous étions très sages. Nous savions que notre père travaillait dur à des milliers de kilomètres, dormant par terre et bossant jour et nuit pour pouvoir nous élever dignement. Nous en avions déjà conscience et nous faisions tout pour faire honneur à ce modèle qui ne quittait pas notre esprit.

Ne jamais flancher, ne pas décevoir, toujours être à l'heure, ne jamais déroger à sa parole… C'est comme ça qu'on a été élevés ; on pourrait dire un peu à la dure, surtout au regard de ce que font certains parents d'aujourd'hui. Cette éducation est le plus beau cadeau, la plus belle preuve d'amour que j'ai reçue de toute ma vie.

Cette mentalité est en voie de disparition. Avec le soutien de ma femme, qui partage la même vision de l'éducation que moi, j'inculque jour après jour à mes enfants ces règles et cette notion de respect qu'on m'a transmises. Mais tout le monde ne le fait pas. À l'heure des réseaux sociaux et des jeux vidéo, on dirait que les parents ont démissionné de leur rôle d'éducateurs, préférant laisser leur progéniture livrée à elle-même devant un écran. C'est dommage. Nous, on jouait dans la rue, avec ce qu'on trouvait, et on était heureux. Il n'y avait rien d'autre et on ne se portait pas plus mal. À l'école, au bled, on jouait au pitchak dans la cour avec une chambre à air de vélo attachée entre deux arbres à l'aide d'un élastique. Plus aucun gamin ne ferait ça aujourd'hui. Ils sont tous sur leur téléphone. C'est un autre monde…

Ne pas parler trop fort, garder la tête baissée devant les adultes, ne jamais se faire remarquer ni chercher la bagarre, être respectueux et honnête, aider son prochain : voilà les recommandations que nous n'avons pas cessé d'entendre durant toutes nos jeunes années. « Tu dois être exemplaire pour ne pas prêter le flanc à ceux qui n'attendent qu'un écart de conduite pour te critiquer. » Nous devions toujours nous montrer plus sages que les autres, meilleurs que les autres. Plus français que les Français, en somme… Et nous savions nos parents heureux et fiers de nous voir suivre ces règles quoi qu'il arrive. Quelle que soit l'envie, parfois, d'y déroger.

C'est justement pour cette raison, pour toutes ces tentations environnantes qui parfois risquaient de prendre le dessus, que notre père a décidé de quitter La Courneuve.

Après ses longs mois de labeur en Arabie saoudite, il n'a pas reconnu notre quartier : ce qu'il a vu éclore dans cette banlieue lui a fait peur. Ça n'avait plus rien à voir avec ce qu'il espérait pour ses fils. La drogue, les courses de bolides au plus noir de la nuit, les mauvaises fréquentations… ce n'était pas l'environnement qu'il souhaitait pour nous. Mes parents n'avaient pas vécu la paix, ils n'avaient pas eu cette chance. Et ils étaient venus en France pour que nous, leurs enfants, puissions grandir dans un univers protégé et qu'on ne subisse pas la haine des hommes à notre tour. Impossible dans ces conditions de rester à La Courneuve. Il était temps de partir à nouveau.

En 1983, retour à Paris. Cette fois dans le vingtième arrondissement, à quelques encablures du périphérique. Cela faisait dix ans que ma mère avait rempli un dossier de demande de HLM pour loger sa famille. Elle n'avait jamais lâché pendant ces longues années et sa patience avait fini par gagner. Quelle force elle avait eue de s'accrocher aussi longtemps. Je crois qu'à sa place j'aurais très vite lâché. Mais la réussite vient de la patience. Elle avait fait le dos rond et attendu son moment, et la récompense était finalement arrivée : dans un immeuble ultramoderne, un appartement en duplex dominant tout Paris dans un quartier très classe – à l'époque.

Le secteur entier venait tout juste de sortir de terre, avec l'école au pied de l'immeuble et même un magasin Franprix et un grand terrain de jeux en construction. Rien à voir avec la banlieue d'où nous arrivions !

Dans notre établissement scolaire, plus de mille élèves partageaient les locaux immenses flambant neufs. C'était une vraie fourmilière. Cette année-là, j'ai découvert les joies du centre aéré, où je passais tous mes mercredis après-midi. Même si l'heure n'était pas à l'opulence – l'État n'avait pas encore mis en place les aides et subventions – et qu'on se partageait un seul ballon, celui-ci faisait notre bonheur. C'est à ce moment-là que le sport est entré dans ma vie pour ne plus jamais en sortir. Un homme a alors changé ma vie. Il s'appelait Claude Salze.

C'était notre prof de gym. Un vrai professeur dédié uniquement à notre éducation physique. Pas une maîtresse qui prend quelques heures par semaine pour faire courir ses élèves. Non, cet homme était un champion, un vrai coach. Il avait ça dans le sang. Habillé des pieds à la tête en Adidas – le Messie –, il est arrivé un jour avec une kyrielle de ballons de basket. Ça a l'air de rien, comme ça, mais c'était le plus beau jour de ma vie ! Claude avait rempli deux caddies de supermarché avec des dizaines de ballons qu'il a lancés au milieu de la cour sous nos yeux émerveillés. Il y avait des balles bleu blanc rouge dans tous les sens, on était comme des fous : quelle révolution ! Il avait même fait installer des paniers de basket sur l'immense surface bétonnée qui nous tenait lieu de terrain de foot, de basket ou de balle au prisonnier. À chaque récréation, il nous distribuait les ballons. C'est lui qui m'a transmis l'amour du basket, l'esprit d'équipe et la gagne.

Quelque temps plus tard, avec le développement de la pratique associative des sports et les moyens mis en œuvre par la direction de la Jeunesse et des Sports, il a pu organiser des tournois, nous mettre à l'épreuve et nous entraîner comme des vrais sportifs. Il nous faisait faire du foot et de l'athlétisme, aussi. Grâce à lui, on était valorisés. Je lui vouais une réelle admiration. Le mercredi, c'était mon meilleur jour ! C'est encore Claude qui m'a permis de découvrir, à cette époque, que j'avais la gagne dans le sang et que j'étais un compétiteur. J'apprendrais plus tard que le sport était une vraie religion, mais j'avais déjà compris qu'il était un excellent moyen de se dépasser.

5.

À la maison, mon père était le chef d'orchestre. Il parlait peu et faisait régner l'ordre et le respect par sa seule présence. Il était pudique et ne manifestait aucune émotion, mais son amour paternel remplissait l'espace. Son silence prouvait sa force et sa légitimité de chef de famille.

Je ne sais pas si mon père m'a jamais porté dans ses bras. Je ne me rappelle pas avoir joué avec lui, ni même partagé un câlin ou un baiser, à l'inverse de ma mère qui était la douceur incarnée. Il y avait trop de pudeur dans l'éducation stricte de mon père pour laisser place à des manifestations tactiles : mes parents avaient un amour inconditionnel l'un pour l'autre mais je ne les ai jamais vus s'embrasser ou se laisser aller à un geste tendre. Mon père nous élevait dans la discipline, le respect et la foi, nous donnant tous les conseils qu'il pouvait. Nous aimions ça, présumant que cette éducation rigoureuse, c'était pour notre bien, et qu'elle nous protégerait, plus tard. Je sais aujourd'hui que c'était notre plus belle arme, notre plus grande chance.

Le soir, quand l'heure du repas sonnait, nous nous installions tous ensemble à table devant le journal de 20 heures que nous écoutions religieusement. Notre père rentrait à peine de sa journée de travail et nous étions bien conscients de sa fatigue. Elle occupait toute la maison et remplaçait le brouhaha incessant qui y régnait en son absence – six garçons, je vous jure que ça fait du bruit ! Alors, nous ne disions rien et dînions dans le plus grand des silences, que seule la télévision venait rompre. C'est lui qui présidait, et ma mère s'installait à l'autre extrémité. De chaque côté, les garçons. Toujours placés dans le même ordre, par âge. Un rituel algérien que nous n'avons jamais cessé de respecter. Sans raconter nos journées, poser de questions ou évoquer une quelconque dispute ni le moindre détail de notre quotidien de peur de fatiguer notre père, nous avalions notre repas sans un mot et attendions qu'il termine le sien avant de demander à quitter la table. Il était épuisé, nous ne voulions rien rajouter à ses longues journées.

En dépit de cette rigueur qui nous était imposée en présence de notre père, mes frères et moi nous amusions bien, à la maison. Je me souviens d'un jeu que nous avions inventé lorsque nous habitions le duplex du vingtième. On faisait du toboggan avec les matelas de nos lits posés les uns sur les autres ! On dévalait l'escalier dans des éclats de rire. Pas d'Internet, pas de réseau, pas de télé ou presque. On se marrait. On jouait aussi à des jeux de société, avec des autocollants ou des images, et on était heureux. Quand on entendait « à table ! », hop, hop, hop, on rangeait nos chambres en vitesse et on débarquait. Obéissant au doigt et à l'œil.

Je suis nostalgique de tout ça. Serai-je capable d'éloigner mes enfants des écrans pour qu'ils apprennent à faire autre chose ? À rêver, à lire, écouter de la musique ou jouer ? Et puis, je n'ai même pas d'escalier, à la maison !

Quand j'observe ma fille, elle me fait penser à moi quand j'étais petit. Bizarrement, en donnant le prénom de mon père à mon petit, Ali, je crois que je souhaitais le voir revivre grâce à cette naissance, mais c'est plutôt moi que je reconnais à travers ma fille. Ma petite Aliya a le même profil que moi, c'est une petite fille joyeuse, qui touche à tout. Elle est curieuse, veut apprendre et comprendre le monde qui l'entoure. Elle me comble de bonheur et de fierté. J'ai hâte de voir mes enfants devenir des adultes et tracer leur chemin, avec leurs opinions personnelles et leur propre vision des choses. J'espère pouvoir leur offrir cette même éducation que j'ai reçue : conduite par un amour inconditionnel, une discipline stricte qui ouvre les portes du bonheur et de la réussite.

Avec mes frères, on a appris à partager très tôt, on se prêtait tout. On ne roulait pas sur l'or, alors il fallait faire attention aux dépenses. On partageait les jeux, on partageait les habits, on partageait aussi parfois un pain au chocolat en sortant de l'école. Quand mon grand frère avait quelque chose de plus beau que moi et que je le lui prenais, il commençait toujours par râler, pour la forme – c'était son rôle d'aîné, en quelque sorte – mais il finissait par me le prêter de bon cœur. Et ainsi de suite du plus grand au dernier des petits frères.

Pour élever six garçons, vous imaginez qu'il faut des règles et de la discipline ! Les trois aînés, Kacem, Tarik et moi sommes nés en seulement quatre ans. Nos parents étaient jeunes et vigoureux, à l'époque : ils ne laissaient rien passer ! Quand Yacine est né, en 1983, on a commencé à prendre le relais pour décharger nos parents : le pauvre, en plus d'avoir deux adultes pour le fliquer, il avait trois grands frères sur le dos ! Mais mon père a été plus souple avec lui et les deux derniers, Yahya et Mekki (né bien plus tard, au début des années 1990). Peut-être était-ce dû à l'âge, la fatigue ou à sa vie de dur labeur. Pourtant, mes petits frères ont les mêmes valeurs et la même exigence que nous, les *grands*. Ils ont chacun leur propre personnalité, mais la base est identique : justice, rigueur et travail.

Quand les petits se sont pris pour les rois du pétrole, autour de seize ou dix-sept ans, qu'ils ont commencé à tourner autour des filles et à rêver de voitures de course, on les a rapidement remis dans le droit chemin. On endossait le rôle du père auprès de nos jeunes frères pour éviter que nos parents ne se fassent du souci ou aient du chagrin. C'était notre responsabilité d'aînés, et cette hiérarchie est très forte dans notre culture : chacun prend soin de celui qui vient juste après, par ordre d'âge, chacun montre l'exemple au plus jeune. Dans la famille et même dans le quartier.

6.

Lorsque mon père nous achetait des survêtements sur le marché, il nous en fallait un chacun, soit cinq fois dix ou quinze francs de l'époque, ce qui représentait une grosse somme d'argent. Et on n'avait pas un large choix : il nous montrait deux modèles et c'était ça ou rien. Même si Adidas faisait des ravages à l'époque dans les cours de récréation, nous savions bien qu'on n'aurait jamais ça à la maison. On regardait les survêts de marque comme des Rolls, des étoiles plein les yeux, mais on savait que c'était tout simplement impossible : on aurait aimé avoir ça, on rêvait d'avoir ça, mais on avait conscience de la valeur des choses et on ne faisait pas de crises pour les obtenir. D'ailleurs, les crises, on les limitait. Trop peur de se prendre une rouste !

Elle est là aussi, la force de notre éducation : on ne s'attache pas aux choses matérielles. Ce qu'on laisse, ce qui est important, ce sont les valeurs, les actes, la grandeur d'âme, le mérite, la bravoure… Pas les objets ou les signes extérieurs de richesse. Mes meilleurs souvenirs sont ceux que je garde au plus profond de moi, pas des objets, qui partent lorsqu'on disparaît. « Tu peux avoir tous les trophées du monde chez toi, si tu ne te comportes pas comme un champion dehors, tu ne vaux rien », nous répétait notre entraîneur de basket : le plus beau trophée, c'est d'être reconnu pour son travail, pour ses valeurs. Ma mère n'a jamais compris pourquoi mon père ne gagnait pas un salaire digne de ses compétences et de son engagement professionnel. Elle nous demandait régulièrement pourquoi il ne gagnait pas davantage.

Si certains sont heureux parce qu'ils sont nés avec une cuillère en argent dans la bouche ou parce qu'ils sont à la tête d'un héritage familial, sans jamais rien faire de leurs dix doigts, d'autres le seront à force de leur travail et de leur volonté. C'est ça que mon père a fait et que je m'obstine à faire aussi. Avec ce sentiment permanent, chevillé au corps, de devoir travailler cent fois plus que les autres.

Je me bats comme mon père l'a fait avant moi. *Allahmou*, paix à son âme.

Né en Algérie, mon père a grandi dans une famille nombreuse sous l'occupation française. Son tempérament à la Tom Sawyer – les chiens ne font pas des chats ! – ne faisait pas bon ménage avec l'éducation à la dure dispensée par un père exigeant à la sévérité redoutable qui n'hésitait pas à faire dormir ses enfants à la cave s'ils avaient désobéi...

Il n'aimait pas l'école, à laquelle il préférait la vie au grand air et la compagnie des animaux. Toutes les raisons étaient bonnes pour être dehors. Comme moi deux décennies plus tard, il ne se tenait pas mal et n'était jamais insolent ni malpoli avec ses professeurs, mais il se sentait mieux au fond de la classe qu'au premier rang, et mieux encore à gambader dans la campagne environnante. Du reste, je dois avouer que dans mon cas, ce ne fut pas trop difficile de me retrouver au dernier rang : c'est là que les professeurs avaient pour habitude de placer spontanément tous les Algériens de la classe... Comme j'étais heureusement dans une école où régnait le brassage ethnique et culturel, on était plein de gamins multicolores au fond de la classe, pas uniquement des Algériens. Quand j'y pense... j'aurais pu en souffrir bien plus si j'en avais eu pleinement conscience à l'époque.

Mon père, donc, grand amoureux de la nature, vouait une véritable passion aux oiseaux. Il les capturait et pouvait passer des heures à les observer. Quand j'étais petit, je me souviens l'avoir accompagné plusieurs fois quai de la Mégisserie, à côté du pont Neuf, dans des animaleries qui vendaient toutes sortes de petits animaux domestiques, de graines et de produits spécialisés. C'était magique, ces volières remplies d'oiseaux multicolores qui pépiaient dans un joyeux vacarme assourdissant !

À la maison, il avait même installé, à une époque, de larges cages sur le balcon de la cuisine. Dedans vivaient plusieurs chardonnerets dont on avait, mes frères et moi, la charge de prendre soin. Mon père achetait alors un produit qui avait pour vertu de faire changer la couleur des becs ! On l'injectait dans des pommes que l'on déposait ensuite dans les cages. Je me souviens d'ailleurs de mon étonnement en constatant que les oiseaux mangeaient des pommes, comme nous. Je croyais qu'elles se nourrissaient uniquement de graines, ces bêtes-là ! Mon père m'avait raconté qu'en Algérie, il utilisait ce qui lui tombait sous la main pour nourrir les oiseaux qu'il capturait. Il n'y avait pas de graines ou de nourriture spécialisée. Alors, ici aussi, il a continué à faire pareil : graines de melon, morceaux de pomme, épluchures de carottes, on glissait tout dans la cage et on remplissait la mangeoire d'eau – un vieux pot de Bolino en plastique. Et on n'avait pas intérêt à libérer les rouges-gorges en nettoyant les cages – charge qui nous incombait pour nous « responsabiliser », disait notre père, sinon gare à nous !

Comme il avait grandi dans la nature, mon père en avait appris beaucoup. C'est lui qui m'a expliqué comment distinguer un mâle d'une femelle, en retournant l'oiseau et en soufflant sur les plumes pour voir ce qu'il y avait en dessous : si c'est plat, c'est une femelle, si on y trouve une petite bosse, alors c'est un mâle. Il savait aussi reconnaître une bonne pastèque et une mauvaise rien qu'à son poids et sa densité.

Tout ça, il nous l'a transmis. C'était un autre message pour nous faire comprendre qu'il est bon de respecter l'autre et d'en être responsable, de ses frères comme de tous ceux qui nous entourent.

7.

Chaque été jusqu'à mes dix-sept ans, nous descendions à Mostaganem pour les vacances. Mon père était accueilli comme l'enfant du pays, le gamin du quartier que tous avaient vu grandir. Il était heureux de rentrer en Algérie, mais ce n'était plus son pays. C'était une terre laissée à l'abandon, à la dérive. Devenue la quatrième métropole du pays en une seule génération, Mostaganem a tout de la station balnéaire idéale. Pourtant, de cette ville aux immeubles haussmanniens de belle facture et aux rues portant les noms de grands hommes français, il ne reste plus rien de bien glorieux. Ceux qui ont quitté l'Algérie pour trouver la paix en France et y élever leurs enfants dans la sécurité, comme l'ont fait mes parents, y trouvent désormais une réalité bien plus sombre qui a rattrapé le rêve depuis longtemps. Personne ne retrouve là-bas ce qu'il y a laissé. D'ailleurs, nombreux sont ceux qui ont fait le choix de ne plus jamais y retourner. Leur Algérie bien-aimée a disparu. On aime sa patrie, ses origines, mais on reste surtout attaché à ses souvenirs, à une certaine nostalgie d'un temps révolu. C'est un peu comme au casino : quand on perd une grosse somme d'argent, on aura beau essayer de se refaire pour reprendre ses billes, dans 99 % des cas, cet argent perdu l'est définitivement. De plus en plus d'Algériens de la génération de mes parents préfèrent conserver intacts leurs souvenirs plutôt que de voir ce qu'est devenue leur patrie : une Algérie fracturée, une Algérie qu'ils n'ont pas connue.

Aujourd'hui, près de 70 % de la population algérienne ont moins de trente ans. Ces jeunes veulent vivre, fonder une famille et travailler sur leur terre natale. Mais ce qui est terrible, c'est qu'à force de ne pas être écoutés et d'avoir l'impression de compter pour du beurre ou de ne pas faire partie du moteur en marche, ces gamins finissent par montrer les dents, comme le ferait le plus gentil des chiens à force d'être battu à mort… Et ils s'en vont vers d'autres horizons. C'est normal d'avoir envie de tout quitter pour tenter l'aventure à l'étranger. Même si la réalité est souvent bien loin du rêve que ces jeunes ont en tête en quittant leur pays…

L'Algérie de mon enfance, celle de la fin des années 1970, ressemble, elle, à la liberté et au bonheur. Quand on arrivait au bled, notre premier réflexe était d'allumer la télévision. En noir et blanc, bien sûr ! Et tout y était très différent de ce qu'on voyait habituellement en France. Le programme du soir débutait par la lecture du Coran, en arabe, puis c'était l'heure du dessin animé – espagnol, généralement, car l'Algérie n'en produisait pas –, immédiatement suivi du journal d'informations. Ensuite, on pouvait regarder un film. Ou plutôt, ce qu'il en restait, parce que toutes les scènes « choquantes » étaient coupées par la censure : pas un seul baiser ne devait être visible à l'écran. Avec un tel filtre, la séance finissait souvent par durer moins d'une heure, surtout s'il s'agissait d'un épisode de *Dallas* avec le fameux J.R. qui avait l'habitude d'embrasser les femmes à tour de bras ! La séance télévisée se clôturait avec un autre passage du Coran et le poste s'éteignait. D'un coup, plus rien. Comme si quelqu'un fermait la boutique. Allez, hop, au lit !

Dans la journée, il y avait toujours du monde à la maison, beaucoup de bruit, de joie et de vie. Partout il y avait des grands, des petits, des vieux, des cousins, des oncles, des tantes… Une hiérarchie codée et conforme à des habitudes ancestrales régnait : chacun devait le respect à celui qui était plus âgé que lui, qui lui-même respectait celui qui était encore plus âgé. Pour nous, cela semblait normal et naturel. Chacun à sa place. « Chacun son métier », avait coutume de dire mon père. Et celui qui enfreignait ce protocole était immédiatement rappelé à l'ordre.

Mais ce qu'on attendait le plus de ces journées, ce qui nous rendait le plus heureux, c'étaient les sorties à la plage avec les cousins. Pas grand-chose, en somme. Les plages étaient désertes, des dunes de sable s'étendaient à perte de vue. Aujourd'hui, ce paysage est saccagé par des constructions, des paillotes, qui ont poussé comme des champignons, sans aucune règle, sans aucun respect de l'environnement et de la beauté des lieux.

Mon père travaillait beaucoup pendant l'été : il avait beau être en vacances, pas question de se relâcher. Dans notre vieille maison, il y avait partout quelque chose à réparer : escaliers, fenêtres, serrures… Il ne restait pas en place, toujours un outil à la main. Mais attention, une chose était sacrée pour lui : la sieste. Nous, les garçons, on n'aimait pas ça du tout… Il ne fallait pas bouger le petit doigt, pas faire un bruit : surtout ne pas réveiller le dragon ! C'était dangereux ! Pourtant, on était pressés qu'il nous emmène au bord de la mer, aux Sablettes, une plage exceptionnelle. On y allait entre cousins, avec nos tantes et nos oncles. Les grands-parents aussi, quand ils étaient encore là. Mon père entassait tout le monde dans sa Renault break et on partait pour l'après-midi. On installait un véritable bivouac sur le sable et on restait jusqu'au soir. Ce sont mes meilleurs souvenirs de l'Algérie. Tous ne sont pas aussi gais.

Ceux de 1986 sont les pires. Cet été sonna la fin de mon enfance, de mes années d'insouciance. C'est cette année-là que mes parents ont fait le choix de nous scolariser en Algérie, Kacem, Tarik et moi.

Dès septembre, pendant que mon petit frère, encore en primaire, irait à « l'école rose », tout près de la maison, à Mostaganem, et vivrait chez ma tante, mon frère aîné et moi serions scolarisés dans un internat réputé d'Oran, tenu par des Français, le lycée Pasteur. C'était une bâtisse monumentale, bordée de palmiers et encerclée de murs interminables qui me semblaient, du haut de mes treize ans, se prolonger jusqu'au ciel. À l'intérieur de cette forteresse, une cour plantée d'arbres, une galerie constituée d'arcades majestueuses, et une ribambelle de salles de classe immenses. Derrière ce faste, se cachait un établissement aux règles redoutables qui prônait une éducation à l'ancienne et tenait les élèves avec une rigueur implacable… Exactement ce que mon père attendait d'une école digne de ce nom ; pour moi, un genre de prison pour mineurs. C'est un peu comme cela que je l'ai vécu à l'époque, même si je reconnais aujourd'hui que c'était sans doute une chance d'être scolarisé dans un établissement aux règles strictes et aux méthodes intransigeantes.

Mes parents nous y avaient inscrits sur les conseils lumineux d'un ami et voisin qui leur avait vanté maintes et maintes fois l'excellente réputation de cette pension. Selon ses dires, être scolarisé à Pasteur, ça voulait dire bénéficier d'une éducation française de qualité et faire des voyages scolaires. Pour mes parents, c'était aussi la garantie d'une formation débouchant sur un bon métier. Quant à nous, les garçons, qui rêvions d'Algérie de septembre à juin, rester là-bas toute l'année, ça s'apparentait à prolonger les vacances pendant douze mois : les cousins, le soleil, la plage… le paradis, quoi ! On avait totalement idéalisé l'idée de rester là-bas pour une année scolaire complète. Mais quand le mois de septembre est arrivé, que mon père est rentré en France avec ma mère et nos petits frères, ça a été une autre paire de manches… Quand on a pris conscience qu'ils nous laissaient là et qu'il a fallu leur dire au revoir, c'était déchirant. Je m'en souviens très bien. Je me suis dit : « Va falloir tenir un an, mon gars. »

Mes parents pensaient qu'apprendre l'arabe et être scolarisés dans un établissement de ce niveau, c'était ce qu'ils pouvaient nous offrir de mieux. Rétrospectivement, je pense qu'ils avaient autant idéalisé Pasteur que nous.

Derrière son excellente réputation, cette école cachait la dure réalité du pensionnat pour garçons avec ses codes et ses rites de passage. Dans cette prison dorée où étaient enfermés des élèves de la sixième à la terminale, l'enseignement était certes très autoritaire, mais c'était surtout la vie quotidienne entre pensionnaires qui était très dure. Il fallait se battre pour se faire respecter et ne pas se faire voler le peu d'affaires qu'on avait. Les grands essayaient de nous piquer tous nos trucs… Ils fouillaient dans nos affaires, se jetaient sur le moindre objet qui nous appartenait, sur les quelques pièces de monnaie qu'on avait mises de côté. C'était vraiment la loi du plus fort, « l'école de la vie ». Les pions étaient censés nous protéger, mais dans la cour, il y avait toujours des garnements pour venir se servir chez un plus faible. Si tu montrais ta fragilité, t'étais mort.

Je me souviens d'un grand qui avait fait de moi son bouc émissaire, son souffre-douleur permanent. Il était plus costaud que moi et n'arrêtait pas de me bousculer, de chercher à m'impressionner. Un jour, je ne l'ai plus supporté, j'en ai eu assez de me laisser marcher sur les pieds sans rien dire. À bout de patience, j'ai attrapé une chaise et je la lui ai balancée en pleine tête. Ce geste m'a valu un renvoi du collège pendant trois semaines, mais, après ce jour-là, plus personne ne m'a jamais cherché d'histoires.

Le manque de notre mère n'arrangeait rien à nos affaires. C'est difficile d'être éloigné de ses parents à cet âge-là. Mais c'est pour elle, je crois, que cette séparation a été la plus dure. Seulement trois mois après la rentrée, elle est revenue à Mostaganem. Elle n'a pas pu tenir plus longtemps loin de nous. Chaque trace de nous, chaque vêtement ou souvenir qu'elle trouvait dans notre appartement parisien lui arrachait des larmes, nous a-t-elle avoué bien plus tard. Alors, elle a laissé mon père à Paris, et elle est venue s'installer pour l'année scolaire en Algérie.

Avec Kacem, on reprenait la route de la maison en fin de semaine, à 80 km de là, pour passer en famille les jeudis et vendredis, jours de week-end islamique. On faisait le trajet en taxi, quand on avait les sous et qu'on réussissait à en trouver un qui n'était pas complet. Sinon, il fallait faire le retour en bus. La première fois, on ne savait même pas où il fallait le prendre, ce bus. On était en galère, tous les deux ! Pris de panique, je me souviens qu'on a commencé à marcher le long de la route, nos cartables sur le dos. Il faut imaginer ce que c'est qu'une station de bus au bled… Le marché de la porte de Clignancourt, à côté, c'est calme et tranquille. Quand on est arrivés à la caisse de la gare routière (si on peut appeler cela une *gare*), on n'avait pas assez d'argent pour acheter un billet… Et là-bas, pas de pitié, même pour deux jeunes garçons perdus. Heureusement, nous avons eu la chance de tomber sur une maman généreuse attendrie par notre histoire qui nous a donné de quoi payer le trajet !

Cette année-là, l'école nous a enseigné ce que c'est que de vivre « à la dure ». Nos repas – sommaires – étaient servis dans des gamelles, l'eau que nous buvions avait un drôle de goût – et pour cause, elle venait directement de la mer – et notre quotidien ne laissait aucune place à l'intimité. Les dortoirs étaient des boxes de quatre lits, avec des armoires défoncées qui contenaient quelques affaires personnelles et ne fermaient plus à clef tant elles avaient été forcées au fil des années. Je me souviens que je n'attendais qu'une chose : rentrer à la maison en fin de semaine. Pour couronner le tout, le niveau scolaire était exigeant et bien au-dessus de mes capacités. En France, j'avais déjà redoublé deux fois, mais la sixième, à Pasteur, c'était vraiment terrible. Je galérais. Même les cours d'arabe me donnaient du fil à retordre alors que je parlais cette langue couramment et que je la pratiquais tous les jours.

Mon seul refuge, c'était le sport. Le sport et les quelques minutes de télévision qu'on nous accordait le soir. La télé, je me souviens, était protégée par un grillage et perchée suffisamment haut au fond d'une salle pour que personne ne puisse l'abîmer. Des bancs en bois étaient disposés en rang. C'était loin d'être confortable, mais qu'est-ce que j'ai aimé regarder les épisodes de la série *V* sur ces bancs !

Les professeurs, eux, étaient vraiment sévères, et on aurait dit qu'ils avaient été soigneusement choisis pour leur manque de douceur et de bienveillance. Ils étaient dans un rapport de force avec leurs élèves, et ça m'avait immédiatement braqué. Ils étaient là pour enseigner, point. C'étaient des « expats » qu'on avait fait venir de France pour travailler dans ce lycée réputé. Ils ne vivaient pas comme nous ; ils avaient des logements de fonction qui nous semblaient incroyablement luxueux, dans les beaux quartiers – et le salaire qui allait avec.

Nos camarades étaient d'ailleurs surtout des enfants d'expats. Beaucoup d'étrangers – des Français, des Polonais, des Anglais, des Américains… Leurs parents étaient tous des ingénieurs qui travaillaient dans le gaz ou le pétrole. Ceux qui jouaient les durs, c'étaient essentiellement des « fils à papa ». D'autant plus que la scolarité était très chère à l'époque dans un établissement de cette réputation.

À la fin de cette horrible année de sixième, une seule chose est venue adoucir le paysage : notre professeur d'histoire avait organisé un voyage scolaire en

France, sur le thème des recherches archéologiques. On s'est retrouvés dans un patelin minuscule où l'on creusait du matin au soir. On en a fait, des trous… Et on n'a jamais rien trouvé ! Pour moi, c'était une échappatoire extraordinaire, mieux que n'importe quel cadeau. En prime, on avait le droit de jouer au foot en dehors des heures passées à creuser ! C'était la liberté.

C'est aussi pendant ces trois semaines de voyage que j'ai découvert que j'avais la fibre de la comédie. Je faisais rire tout le monde ! Même si mon père m'a bien fait comprendre un peu plus tard qu'il aurait préféré que j'aie la fibre de la médecine, moi j'étais heureux de découvrir que je pouvais capter l'attention des autres et déclencher l'hilarité générale.

Enfin, point d'orgue du séjour gravé à tout jamais dans mon esprit : la boum. Ma première boum. Avec nous, il y avait des cinquièmes et des quatrièmes, des filles sublimes qui me dépassaient d'une ou deux têtes. C'étaient déjà des brins de femmes. Je voyais bien que les grands regardaient ces filles avec envie ; moi, je n'étais qu'un bébé et je ne m'intéressais pas encore à ce genre de choses. Avec les autres élèves de sixième, je restais dans mon coin à observer les gars en blouson de cuir, sans trop comprendre ce qui se jouait devant nous. Quand l'heure des slows est arrivée, la belle Isabelle que tout le monde admirait, une troisième, s'est approchée de moi pour m'inviter à danser. Elle m'a désintégré sur place. J'étais électrisé. Jamais je n'avais dansé avec une fille, je ne savais même pas où mettre mes pieds. Et, pendant qu'on dansait, elle m'a chuchoté dans le creux de l'oreille qu'elle préférait danser avec moi qui la faisais rire, plutôt qu'avec les gros lourdauds de sa classe. Je crois que j'étais fier…

Ce voyage a sonné la fin de ma scolarité au lycée Pasteur, mais aussi celle de mon enfance en Algérie et de mes souvenirs. Je ne le savais pas encore, mais je n'allais pas retourner en Algérie pendant près de dix ans après cette année 1987.

Après cette excursion, j'ai rejoint mon père à Paris sans repasser par l'Algérie. Mes professeurs avaient signifié mon redoublement à mes parents et je ferais une nouvelle sixième dans le collège du quartier à la rentrée suivante, inutile de terminer l'année scolaire à Oran. C'est mon père qui est venu me chercher à la gare. J'étais content de le retrouver après ces longs mois de séparation, même si je craignais fort d'être sévèrement puni pour cette année scolaire gâchée. Il m'a seulement dit :

— On parlera plus tard.

On est rentrés tous les deux à la maison, dans le vingtième. Ma mère était restée avec mes frères à Mostaganem, et ils allaient passer l'été là-bas. Moi, je restais avec mon père jusqu'à la fin du mois de juin.

Il partait travailler chaque matin, en me laissant seul avec des consignes pour le déroulement de la journée et un repas pour le déjeuner. J'attendais son retour. Puis il est parti en Algérie pour l'été, me confiant à ma tante Assia, une sœur de ma mère que j'aime énormément, qui vivait à Nanterre.

C'est le premier été que j'ai passé loin de l'Algérie. Mon oncle Toufik rentrait toujours du travail avec des objets improbables. Il était livreur, et ses clients se débarrassaient parfois de marchandises – pourtant neuves – qu'il s'empressait de rapporter chez lui : des balles de tennis, des raquettes… De retour à la maison, une fois sa prière dite, il allumait la télévision, s'installait confortablement dans son fauteuil avec une cigarette, et visionnait l'une de ses nombreuses cassettes vidéo : les murs du séjour débordaient d'une collection incroyable de films en VHS auxquels il était formellement interdit de toucher. J'avais l'impression qu'il s'agissait d'un vrai trésor ! Mon cousin et moi, nous avions pour mission de sortir les chiens, Cassius et Buck. À ce rythme, cet été est passé à la vitesse de l'éclair, mes parents sont remontés avec mes frères, définitivement, fin août, et j'ai fait une nouvelle rentrée en sixième au collège Saint-Blaise, à Paris.

Après 1986 et mon expérience au lycée Pasteur, je ne suis donc plus retourné à Mostaganem jusqu'en 1995. Kacem et moi partions désormais en camp d'ados en Espagne où j'ai découvert les joies de la colo. C'est dans des centres où je partais avec mes copains du quartier, David et Halim, et des dizaines d'autres gamins de quinze à dix-huit ans, que j'ai appris à tenir la main d'une fille ! Jamais je n'aurais pu faire cela en Algérie. On a découvert la liberté, un autre monde, une autre vie, et testé nos limites.

Pendant un mois, on partait en *road trip* le long des côtes espagnoles. La plupart du temps, on ne dormait même pas dans des campings – ils étaient souvent complets, et trop chers –, mais dans des jardins ou sur la plage. C'était la belle vie, la France plurielle, les copains et la liberté. Il n'y avait pas d'écrans, pas de téléphones, juste la nature, la plage et les kilomètres de route, sac au dos. Les grands draguaient et découvraient les premiers émois. Moi, j'en étais à des années-lumière : avec un kangourou sur ma casquette Walibi et un singe Waïkiki sur mon tee-shirt, je ne risquais pas de séduire grand monde !

C'est là-bas que pour la première fois j'ai entendu parler d'un truc que certains fumaient en cachette : le shit. À l'époque, en Espagne, on en trouvait à tous les coins de rue. Avec les copains et mon frère, on savait qu'il ne fallait pas y toucher. Ça ou la cigarette, c'était *niet*, pas touche. Mon frère, protecteur, me disait : « Si tu les vois fumer, tu pars ! » Et je respectais. C'était le deal. Jamais je n'y ai touché.

8.

Dans notre quartier, à Paris, à la fin des années 1980, on ne voyait pas que la drogue commençait à s'étendre. Elle était là, bien sûr, mais on savait qu'on ne devait pas approcher ceux qui dealaient. Et ils n'étaient pas sous nos yeux, comme aujourd'hui, où tout le monde semble s'en moquer et roule son joint devant les plus jeunes au beau milieu de la rue.

L'éducation de la rue, ce n'est pas celle qu'on a reçue à la maison. Ma mère nous a toujours mis en garde contre les violences et les dérives de la rue. Mes frères et moi avons su très jeunes ce qu'il était possible de faire dehors et ce qui y était formellement interdit. Comme la drogue. Des exemples de dérives, on en a malheureusement vu beaucoup autour de nous. Certains amis avec lesquels on faisait du sport quand on était plus jeunes avaient pris un mauvais chemin et avaient mal tourné. Certains ont même été obligés d'enfiler des jupes et d'aller se prostituer au bois pour avoir de quoi se droguer. Ils étaient passés au crack, à l'héroïne… D'autres ont terminé en prison pour braquage. Certains sont morts. On n'a pas eu besoin d'essayer, on a bien vu ce que ça donnait autour de nous, et on a su très tôt que, si on mettait la main dans le feu, on allait se brûler.

Peu à peu, c'est devenu une banalité. Les jeunes pensent trouver la réalité dans ce qu'ils voient à travers les clips du rappeur américain 2Pac, par exemple, avec ces filles à moitié nues et des billets de banque jetés en l'air par paquets de dix. Ce qu'ils ne savent pas, ce qu'ils n'ont pas retenu, c'est tout le travail et les sacrifices qui sont faits dans l'ombre. Ils veulent juste conserver la réussite, pas l'envers du décor : ces filles qui tournent dans les clips et gagnent leur vie en montrant leurs fesses parce que c'est de l'argent facile n'ont sans doute pas envie de ça pour leurs propres enfants, et le chanteur, l'un des plus grands rappeurs de tous les temps, est arrivé en haut de l'affiche à la seule force de son travail et de sa persévérance.

Les enfants d'aujourd'hui grandissent dans un monde dangereux. La plupart des jeunes que je croise dans nos quartiers, ceux qui ont quinze, seize ans, veulent tous du fric et la gloire sans connaître la transpiration. On a beau essayer de leur faire comprendre que la vie, c'est travailler, la société de consommation dans laquelle ils grandissent ne les aide pas, et certains parents n'ont plus la main. Chez eux, ils sont peut-être des enfants sages, mais dehors, c'est une tout autre histoire. Il y a des tentations à chaque coin de rue, des risques à chaque nouvelle rencontre. Un jeune qui n'est pas encadré et à qui on n'a pas inculqué de fortes valeurs, qui n'a rien retenu de son histoire familiale, peut vite déraper.

Ceux qui tombent dans la drogue finissent tous de la même façon. En prison ou enterrés. Dans les deux cas, ils auront tout perdu. Et le plus souvent ils auront entraîné dans leur chute leur famille entière.

Mon éducation, l'honneur, le code du mental, c'est ce qui m'a toujours porté. « Ne sortez pas la nuit, restez avec des gens bien, soyez plus proches de vos amis que de vos ennemis » : j'ai entendu mes parents me mettre ainsi en garde toute mon enfance, toute mon adolescence. « S'il vous arrive quoi que ce soit, rentrez immédiatement à la maison et racontez-moi ce qui s'est passé », nous disait notre mère... Cette éducation, c'est mon socle. Ça m'a protégé de tout.

Car parfois il suffit d'une toute petite chose pour faire tout déraper, d'une étincelle minuscule pour tout embraser. Comme ces jeunes qui n'ont pas encore dix-huit ans et qui partent en Syrie alors qu'ils ne parlent même pas l'arabe. Ils partent pour tuer. Comment ont-ils pu basculer ? Voir notre père bosser quatre-vingt-dix heures par semaine, rentrer avec sa paye, c'était une telle fierté pour lui, pour nous. Mon but, mon défi, c'était déjà d'être un exemple comme lui. C'est ce qui nous a préservés du pire. Le vrai chemin, j'en suis profondément convaincu aujourd'hui, c'est celui de la prise de risque, des sacrifices et de la fatigue.

On dit chez nous : « Tu comprendras la vie quand tu seras un homme. » Un homme, ce n'est pas ce colosse aux gros muscles qui roule des mécaniques et parle fort, c'est celui qui se montre exemplaire, qui soutient sa famille et la protège contre vents et marées. Un homme, un vrai, c'est un père qui met un point d'honneur à subvenir aux besoins de ses enfants. Qui se lève de bonne heure et travaille dur. Et cet argent qu'il rapporte à la maison, ce n'est pas celui du vol, de l'escroquerie ou de la drogue : le mal acquis, on n'en profite jamais, cela n'apporte que la discorde, le malheur et la désillusion. C'est ce qu'on m'a appris et ce en quoi je crois profondément. Cette éducation que m'ont donnée mes parents, c'est celle qu'ils avaient reçue de leurs propres parents en Algérie. Quand ils ont débarqué en France en tant qu'immigrés, ils ont emporté ce socle familial, et ils l'ont mêlé aux mœurs françaises pour nous faire grandir. À mon tour, c'est ce que je transmets à mes enfants même s'ils grandissent, comme moi, loin de notre pays d'origine et si je sais qu'ils n'y vivront sans doute jamais.

Il faut dire que l'Algérie d'aujourd'hui n'est plus celle que j'ai connue enfant. Elle n'attire plus grand monde. C'est une immense société de consommation. Le taux de chômage y est de plus de 60 %, la moyenne d'âge de trente ans, seulement. Et il n'y a rien pour les jeunes. La plupart des médecins, des chercheurs, des chirurgiens, partent à l'étranger. Ils aimeraient rester dans leur pays mais on ne leur en offre pas les moyens. Les hôpitaux sont dans un état lamentable, et les conditions sanitaires révoltantes, y compris dans le secteur privé.

En ce qui me concerne, la question ne s'est jamais posée. Il était impensable de ne pas vivre dans le pays où j'avais grandi. Ma patrie, même si je reste attaché à mes origines, c'est celle dans laquelle j'ai été élevé. Mes fondations sont ici, en France. Mes parents eux-mêmes, quand ils ont émigré, pensaient retourner en Algérie, mais ils se sont attachés à la France parce qu'ils y ont vu pousser leurs enfants. Et les parents, bien sûr, préfèrent être auprès de leurs enfants et de leurs petits-enfants.

Ma mère, depuis la mort de mon père, n'a fait que quelques allers-retours en Algérie pour revoir sa famille, mais elle est restée vivre à Paris et c'est nous, ses fils et belles-filles, qui prenons soin d'elle aujourd'hui comme elle l'a fait pour nous pendant plusieurs décennies. Elle s'est montrée d'une force exceptionnelle toute sa vie, et encore davantage pendant la maladie de mon père. C'était elle qui le tenait à bout de bras, avec un dévouement remarquable. Jamais elle n'aurait voulu le mettre dans une « boutique à vieux », comme elle disait.

Mon père avait coutume de dire qu'il avait des gros bras pour pouvoir soulever son propre père ou sa mère si l'un d'eux tombait. Avec son corps frêle, ma mère a porté son mari jusqu'au bout. Avec beaucoup de pudeur et sans jamais se plaindre ou s'effondrer, elle a pris soin de lui, seule. Même si elle a pu compter sur ses enfants, aussi, qui étaient là pour la soutenir à son tour.

La maladie de mon père s'est déclarée en 2005, quelques mois seulement après le début de sa retraite. Une tumeur au cerveau, un glioblastome du lobe droit. Une saloperie qui lui a d'abord fait perdre la sensibilité des doigts et des mains, le privant de ce qui avait été son outil de travail, son trésor. Par chance, les premières séances de radiothérapie ont été une réussite. La tumeur a rapidement perdu du terrain. Jusqu'à disparaître totalement. Se croyant guéri, mon père a même décidé de partir à La Mecque en pèlerinage avec ma mère. Tous deux pensaient avoir vaincu ce cancer immonde. Mais le répit n'a été que de courte durée. À son retour, la maladie a repris de plus belle et la tumeur est revenue plus forte encore, comme une araignée qui prenait de plus en plus de place et consumait son corps à petit feu.

Il est parti en trois mois. Nous avons assisté, impuissants, à sa souffrance, malgré notre amour et notre tendresse. Il était redevenu comme un bébé dont il fallait s'occuper à chaque instant. Ce qu'a fait ma mère jour après jour.

À l'extrême fin, quand la chimio elle-même ne pouvait plus rien pour le sauver ni même le soulager, il a refusé d'aller à l'hôpital. Il voulait rester à la maison, rendre son dernier souffle dans son lit. Le médecin a forcé son entrée en soins palliatifs ; il savait que ce serait une charge trop lourde pour notre mère, qui le veillait nuit et jour. Quand on l'a emmené à l'hôpital Tenon, je me souviens de l'avoir allongé sur son lit. En l'embrassant sur le front, je lui ai dit :

— Ça va aller.

Il m'a répondu dans un murmure :

— Prends soin de ta mère et de tes frères.

Puis les médecins l'ont plongé dans le coma, afin qu'il ne souffre plus. On venait chaque jour se relayer avec mes frères à son chevet. Il s'est éteint paisiblement, entouré de tous ceux qu'il aimait.

Le jour même, selon le rite musulman qui préconise l'inhumation dans les vingt-quatre heures suivant le décès, on s'est occupé de faire ramener son corps en Algérie. Accompagné par les pompes funèbres, c'est mon grand frère Kacem qui a préparé notre père pour sa nouvelle vie, qui a fait les ablutions traditionnelles avant de l'allonger dans le cercueil. C'est à la sortie de la morgue seulement, que ma mère s'est effondrée. Elle a fait un malaise. Et en l'aidant à se relever, en la portant dans mes bras tout en la réconfortant tant bien que mal, j'ai compris ce que mon père avait voulu dire en me disant que ses bras étaient musclés pour pouvoir porter ses parents s'ils tombaient…

Pour les funérailles, une foule ininterrompue s'est présentée dans notre maison de Mostaganem pour rendre un dernier hommage à mon père. C'est ça, le vrai travail accompli de toute une vie. Tous ces gens qui l'aimaient sont venus se recueillir auprès de son corps. Le lendemain, mes frères et moi avons porté le cercueil sur nos épaules avant de le laisser descendre en terre. Le moment le plus poignant de toute ma vie.

Je suis frustré qu'il ne puisse pas voir ce que je suis devenu. Qu'il ne connaisse pas mes enfants ni ma femme. J'aurais tant voulu lui offrir la tranquillité financière, lui permettre de savourer pleinement sa retraite. Qu'il puisse rentrer en Algérie comme il l'avait souhaité. C'est comme s'il n'avait pas été fait pour profiter… Travailler dur, vouer son existence à protéger les siens, c'était sa destinée.

Mon père est mort en 2005. Plus de quinze ans sont passés depuis, mais sa présence rassurante et son charisme nous manquent toujours. Certaines personnes laissent derrière eux un héritage fait de biens ou d'argent, ce que notre père nous a laissé ne se compte pas en monnaie. Ce qu'il nous a légué, c'est l'éducation, le mental et la culture du travail. Et beaucoup d'amour. Avec ça, tu peux aller très loin.

9.

Ma mère, toute sa vie, s'est consacrée à ses fils. Elle s'est vouée corps et âme à notre éducation. Ce que mon père a pu lui laisser, après avoir travaillé pendant cinquante-cinq ans sans répit et au prix de sa santé, c'est un pauvre billet de 500 euros par mois. Bien sûr, mes frères et moi l'aidons et veillons à ce qu'elle ne manque de rien. À notre tour. Mais cela me laisse un goût amer.

Lorsque est tombé le diagnostic du cancer du cerveau de mon père, sa boîte, au bord de la faillite, licenciait à tour de bras. Comme il était membre de la CGT depuis ses débuts dans le bâtiment, il se savait protégé : il ne pouvait pas faire partie du plan de licenciement. Pour qu'il puisse toucher sa préretraite, j'ai dû me rendre à l'administration avec toutes ses feuilles de paye – à l'époque, le système n'était pas encore informatisé. Dans ses affaires, tout était soigneusement rangé depuis plus de cinquante ans dans des dossiers. Les plus anciens de ces documents remontaient à l'époque où il travaillait pour les pères blancs, en Algérie. Il cotisait donc déjà en France pendant cette période. Mais dans ce petit bureau de l'administration française, on n'a pas voulu le reconnaître, on m'a même réclamé une « attestation de l'employeur » ! On ne voulait pas entendre parler de quoi que ce soit, il fallait ce papier, un point c'est tout. Cinquante ans plus tard. Je croyais rêver… Enfin, c'était plutôt un cauchemar.

J'ai dû me battre plusieurs mois pour obtenir gain de cause. Je me souviens que Papa me disait : « Laisse tomber, fils, c'est pas grave. » Il ne voulait rien devoir à personne. Mais j'ai tenu bon et obtenu ces quelques centaines d'euros que l'État verse chaque mois à ma mère.

Devoir prouver partout et tout le temps que nous sommes français me révolte. Qu'est-ce que ça peut bien vouloir dire de « prouver » notre nationalité quand on respecte les valeurs de la République, qu'on vit et travaille sur le territoire depuis tant d'années ? Mes frères et moi nous sentons bien plus attachés à notre nationalité française que certains hommes nés en France depuis des générations, tant nous sommes reconnaissants à cette terre de nous avoir accueillis. Pourquoi ce manque de considération à notre égard ? Quoi que nous fassions, nous ne sommes jamais reconnus comme des Français à part entière, au mieux comme des « musulmans de France ».

Comme celle de beaucoup d'enfants d'immigrés, mon existence a d'ailleurs été ponctuée de remarques déplacées ou de regards qui en disaient long. Je ne peux dénombrer les épisodes qui m'ont donné l'impression d'être rejeté, que ce soit à l'école, au regard des institutions ou dans le monde du travail.

Je n'en veux pas à la France. C'est mon pays, je le chéris autant que l'Algérie, dans sa joie et dans ses peines, mais je me sens parfois déchiré entre ici et là-bas, et je regrette de lire souvent entre les lignes : « Tu t'appelles Moundir, tu dois rester à ta place. » Nos parents ont été forcés de subir cette discrimination sans bouger un orteil, mais ma génération, celle que l'on nomme la « seconde génération », ne veut pas continuer de l'entretenir. Pour sortir de ce stéréotype, il nous faut bosser cent fois plus, être bien plus consciencieux et montrer que personne ne peut prendre notre place… Louer un appartement ou trouver un boulot quand tu t'appelles Mohamed, Safia ou Moundir ressemble à un parcours du combattant. On est au XXIe siècle et c'est toujours aussi difficile. Mais pourquoi ? Il faudrait falsifier notre nom, notre prénom sur nos dossiers ? Mille fois au cours de ma vie j'ai souffert de devoir faire mes preuves plus que « les autres ».

Lorsqu'en janvier 2020 j'ai choisi de quitter l'émission de W9 que j'animais depuis quatre saisons, « Moundir et les apprentis aventuriers », alors qu'elle enregistrait d'excellentes audiences et me permettait de gagner confortablement ma vie, c'est essentiellement parce que je ne voulais plus qu'on me dise de faire ci ou ça, sans me consulter, sans me demander ce que j'en pensais et comment j'envisageais moi-même les choses. Parce qu'on me cantonnait à une place, et que c'était celle-là ou rien. Lorsque j'ai parlé de mon désir de devenir producteur, je n'ai pas été entendu, on m'a simplement regardé de haut sans comprendre pourquoi je demandais un plan de carrière… Mais il n'y a qu'en France qu'on voit ça ! Dans tous les autres pays dans lesquels j'ai eu la chance de voyager grâce à mes parents, nulle part ailleurs les choses ne se passent ainsi. Les mentalités sont totalement différentes. Aux États-Unis, par exemple, que tu aies des cornes ou un aileron, que tu t'appelles Abdul ou Bryan, si t'es bon, t'es bon. On te choisit pour ce que tu es, ce que tu rapportes et on te met dans les meilleures conditions pour te dépasser, devenir meilleur encore. Tu te sens porté.

Après quatre ans de télé avec des audiences qui montaient en flèche malgré une période compliquée qui a vu s'enchaîner les JO, la Coupe du monde et la coupe d'Europe, et où j'ai à chaque fois tiré mon épingle du jeu avec des parts de marché énormes, on m'a toujours refusé un plan de carrière. On n'écoutait pas mes propositions et on me répondait seulement qu'il n'y avait pas de place dans la grille ou que l'idée que je proposais ne plairait pas. Jamais on ne m'a offert quelque chose de sérieux. Jamais on n'a accepté de tester mon programme ou même de me payer davantage. Personne n'a voulu miser sur moi pour l'avenir alors que je faisais un carton. Toutes les excuses étaient bonnes et on me disait que les budgets étaient restreints alors que la chaîne encaissait des millions sur mon dos. À mes yeux, aucune excuse ne tenait la route.

Si je suis bon, pourquoi n'avoir pas voulu m'encourager à gravir les échelons et investir sur l'avenir avec moi ? Est-ce en raison de mes compétences ? De mes origines ? De ma religion ? Jamais je ne saurai ce qui m'a entravé, et si les producteurs que j'ai rencontrés ne sont pas racistes. Je suis pourtant obligé de me poser ces questions… Pas une fois, en quatre ans, on n'a voulu tenir compte de mes propositions. On voulait me mettre dans une petite case en pensant que j'allais me taire. C'était mal me connaître !

Aujourd'hui, en partant sur de nouvelles bases, je vais encore devoir me reconstruire, prouver que je suis bon. Mais je repars au combat parce que c'est justement ce qui me fait grandir et me pousse à me lever chaque matin.

À la télévision, il y a énormément d'argent en jeu, et moins on partage, mieux c'est. Je sais qu'il va me falloir beaucoup de volonté et de courage pour ne pas flancher. Heureusement, certains réfléchissent autrement. Depuis plusieurs mois, j'ai la chance de travailler avec Arthur, qui m'intègre dans ses projets et reconnaît la place que je mérite. Chacun apporte sa pierre à l'édifice et on travaille en bonne intelligence. Lorsqu'il m'a proposé d'intégrer son équipe, personne ne m'attendait : j'avais quitté W9 sans aucune issue de secours, sans l'ombre d'une perspective.

Il m'a appelé pour me parler de son pôle aventures et m'annoncer qu'il souhaitait m'y associer, qu'ensemble on irait loin. Sans aucune hésitation, il m'a accordé sa confiance. En quarante-huit heures à peine, notre alliance était conclue. Pour moi, cette confiance est la marque des grands.

Je veux qu'on me laisse ma chance, prouver ce que je vaux. Ce que je suis. Qu'on me respecte et qu'on m'écoute. Et je le veux aussi pour mes enfants et tous les enfants de « troisième génération ». Je ne me lève pas chaque matin en me disant que la France déconne et qu'elle n'est pas à la hauteur. Issu de la seconde génération, je fais mon petit bonhomme de chemin et j'avance en essayant de ne pas trop y penser. D'autant qu'en Algérie, la situation n'est guère meilleure. Mais je suis français, moi ! Pourquoi faut-il que chaque jour qui passe, on me renvoie au fait que je suis un Maghrébin et pas un Français ? Je ne suis jamais resté bien longtemps dans les entreprises où j'ai travaillé, parce qu'à chaque fois je savais que je n'aurais aucune opportunité de grimper dans l'échelle sociale et de me faire une « vraie » place. Je me sens bien plus français aujourd'hui en étant chef d'entreprise. Un proverbe arabe dit : « Quand tu as de l'argent, tu peux faire une route sur la mer », mais jamais tu n'achèteras une nationalité… Ce qui m'intéresse, tant pour mes ancêtres que pour l'avenir de mes enfants, c'est qu'ils soient reconnus comme des Français à part entière. Je ne veux rien de plus. J'aimerais seulement que le prénom Moundir vaille le même « prix » que Marcel ou Jean-Claude.

Plus jeune, j'étais insouciant, je ne me rendais pas compte de cette casquette d'immigré que j'emportais partout avec moi. Mais en grandissant, dès que j'ai commencé à vouloir investir, construire ma vie, j'ai bien été obligé de me rendre à l'évidence : tout est plus compliqué pour nous. C'est la réalité.

Tout ce que j'ai obtenu, c'est à la force de mon travail que je le dois. Je n'ai rien volé, et je ne dois rien à personne. Quand on me parle de « m'intégrer », ça me rend dingue. C'est d'une extrême violence, au fond. Je ne veux pas m'intégrer, je ne dois pas m'intégrer : je suis né ici ! La Musulmanie, ce n'est pas un pays ! Si je suis musulman sans être pratiquant, je suis qui, alors ? Je suis quoi ? Où devrais-je aller ? Tous ceux qui tiennent de tels propos ne connaissent rien à l'histoire, à notre histoire commune.

La France, c'est mon pays, celui de mon enfance, celui qui verra grandir mes propres enfants et dans lequel je suis heureux et fier qu'ils évoluent. J'aime la France qui ne trahit pas ses valeurs et je pense parfois être plus légitimement français que ceux, même « pure souche », qui n'ont pas eu besoin de se battre pour s'approprier leur place. D'ailleurs, en creusant un peu, ces Français « pure souche » ont sûrement des origines italiennes, espagnoles ou autrichiennes… Ceux qui aiment dire qu'on leur prend leur boulot n'ont rien compris. Ce n'est que tous ensemble que nous représentons la France et son unité dans sa diversité.

Je suis reconnaissant à la France d'avoir ouvert les bras à mes parents, à tous les membres de ma famille qui, le cœur meurtri comme tous les autres expatriés, ont quitté l'Algérie et pensaient la retrouver pour leurs vieux jours… Finalement, la plupart ont terminé leur vie ici. On ne lui en veut pas tant que ça, à la France.

On entend parfois les gens se plaindre du communautarisme, et cette notion ambiguë, qui englobe à elle seule tous les débats autour du port du voile et de la laïcité, cache souvent quelque chose de péjoratif. On dirait qu'il plane comme une menace…

Finalement, je suis content que mon père ne vive pas ça, que ma mère ne soit pas connectée à Internet et qu'elle reste préservée de toute cette haine régulièrement dirigée contre les musulmans de France. C'est aussi pour ces raisons que j'ai fait le choix de quitter Paris et d'élever mes enfants en province, loin de la violence et de la peur, dans un tout petit village. Mon travail de père, c'est de les protéger ; ma fierté, c'est de les éduquer de telle sorte qu'ils portent plus tard un message d'amour et de respect, qu'ils aient à cœur de créer du lien plutôt que des scissions. Et, plus que tout, qu'ils suivent leur voie, ce que leur dicte leur cœur, qu'ils s'épanouissent comme j'ai eu la chance de pouvoir le faire à différentes étapes de ma vie, en dépit des embûches.

10.

Après des années de galère sur les bancs de l'école à n'attendre que les week-ends pour retrouver ma bande de copains et taper dans un ballon en bas de la maison, j'ai péniblement obtenu un CAP de vente. Mais avec ça, pas facile de trouver un vrai job... Alors j'ai accepté des dizaines de petits boulots. Pour gagner de quoi vivre et ne pas dépendre de mes parents. Encore moins de l'État.

J'étais en mode survie. Ce qui me tenait, c'était un ego surdimensionné qui me faisait croire que Moundir s'en sortirait quoi qu'il arrive. J'étais jeune, naïf, et je me laissais porter par la vie. Et elle était plutôt belle. Je multipliais les contrats à droite à gauche, passant d'un job à l'autre, au gré du vent : manutentionnaire, vendeur de fringues, agent d'entretien, plongeur dans des restaurants... Un peu à l'image de ces gars qui ont cru à la ruée vers l'or alors que ceux qui ont fait fortune sont les vendeurs de pioches et de pelles !

On peut dire que mes années 1990 ressemblent à une traversée du désert. J'aurais même pu mal finir, mais je n'ai jamais vrillé, parce que j'ai toujours su que j'allais y arriver. Ma naïveté m'a aidé à trouver du sens à mes rêves. Je me disais : un jour, j'aurai ma chance. Comme si j'allais gagner au Loto. Quand, exactement, je ne le savais pas, mais un jour. J'en avais la certitude.

S'il est vrai que je regarde ces années-là avec pas mal de tristesse, aujourd'hui, et que je suis écœuré de tout ce temps perdu, cette période chaotique est aussi celle qui m'a construit et a fait de moi l'homme que je suis devenu. Fidèle à mes principes et à mes valeurs. Je n'ai jamais blessé quiconque, vendu de drogue ou traîné avec les mauvaises personnes.

Pourtant, j'avais des paillettes dans les yeux, je croyais que c'était ça, la vie : sortir, rencontrer des filles, vivre la nuit et ne pas penser au lendemain. Comme j'étais convaincu d'avoir un physique plutôt avantageux et pas mal de charme – je vous autorise à vous moquer de mon ego, je suis redescendu de mon piédestal depuis belle lurette ! –, j'allais de casting en casting, espérant me faire remarquer et pouvoir ainsi me faire une petite fortune… J'ai joué au mannequin pendant quelque temps. À l'époque, je ne croyais qu'aux paroles et aux feux des projecteurs. Cet excès de confiance et ce miroir aux alouettes auraient pu me coûter cher, mais j'ai réussi à rester droit dans mes bottes grâce à mes parents. À ma famille.

Parmi les frères et sœurs de mon père, il y avait mon oncle Sami, l'opposé de mon père, celui qui avait été confié très jeune à un ami de la famille, et élevé en France, dans un foyer mondain et opulent. Il a eu une jeunesse dorée que n'a pas connue mon père. Entre son frère et lui, on pourrait dire que c'est un peu la même histoire que dans la série *Le Riche et le Pauvre* ! Après ses études, il a fait fortune dans les boîtes de nuit et le monde du bling-bling. C'est dans l'une de ces boîtes que mon père a fait le videur quelque temps à son arrivée à Paris.

Aujourd'hui, Samy conserve l'amour de ses origines, mais il a fait une croix sur l'Algérie qui n'est plus pour lui qu'un lointain souvenir et dont il ne reconnaît plus rien. Il s'est entièrement fondu dans sa vie européenne ; il a eu plusieurs femmes et a brassé beaucoup d'argent, et n'adhère pas à cette religion et cette culture qui ont fait l'identité de mon père. Mais il ne s'en cache pas ; il a seulement choisi un autre chemin. Pourtant, il n'a jamais perdu de vue l'essentiel : le travail. Il a fait partie de ceux qui, dans ma jeunesse, à l'image de mon père, ont été des guides, des mentors, et m'ont appris qu'on n'obtenait rien sans se donner du mal et mettre du cœur à l'ouvrage.

Il possédait un hôtel luxueux sur la Côte d'Azur où j'ai été homme à tout faire pendant la saison estivale, de mai à septembre, trois années de suite. J'avais vingt-six ou vingt-sept ans, à l'époque. C'est le patron le plus dur que j'aie jamais connu ! Il était sans pitié : « Au boulot, me disait-il, il n'y a pas de famille qui tienne. » Mais je dois dire que ce fut une bonne école ! Là-bas, je faisais tout : jardinier, plagiste, serveur, agent de sécurité, réceptionniste – alors que je ne parlais pas un mot d'anglais ! Un jour, mon oncle m'a même envoyé faire office de coach sportif pour un milliardaire pakistanais dont le bateau mouillait au large du port de Saint-Tropez… J'ai assisté sur ce yacht immense à une scène scandaleuse que je n'oublierai jamais. Alors que j'avais été reçu par une dizaine de gardes du corps qui me faisaient une haie d'honneur, des armoires à glace avec des bras en marbre, j'avais trouvé mon client avachi dans son canapé avec un gros cigare. On aurait dit une scène d'un James Bond… Son fils, un gamin de dix-huit ou dix-neuf ans, en me voyant arriver, et sans doute pour rouler des mécaniques – ou peut-être était-ce un « jeu » habituel dans la famille – a demandé à son père de l'argent et m'a dit en riant : « *I want to play !* » et il a jeté au-dessus de sa tête les liasses de billets que venait de lui donner son père – comme si c'étaient des billets de Monopoly – en faisant signe à ses gardes du corps que c'était pour eux s'ils plongeaient… Plusieurs billets jonchaient le sol et d'autres avaient volé par-dessus bord et rejoint l'écume de l'eau quelques mètres plus bas. Pour ramasser cet argent, certains gars se sont baissés, d'autres ont plongé… Le père était mort de rire dans son sofa. Moi, j'avais envie de vomir devant tant de mépris. Je n'ai pas bougé d'un iota, je n'ai pas dit un mot, et j'ai préféré quitter le navire.

J'aurais pu me faire beaucoup de fric ce jour-là, si je m'étais précipité : c'étaient des billets de 500 euros qu'il avait balancés. Mais jamais je me serais abaissé à ça. Ma dignité m'en empêchait : on m'a appris à marcher droit, à gagner mon argent par la force du travail. Ces gens-là ont de l'argent mais ils sont pauvres, très pauvres.

Quand j'avais raconté cette scène à mon oncle, il avait été fier de moi. Il avait l'habitude de ce genre de comportements méprisants. Sur la Côte d'Azur en été, plus rien ne l'étonnait. Lui savait exactement comment s'y prendre avec chacun de ses clients et comment gagner de l'argent. Il était malin. Il savait recevoir et s'adapter à tous, plaire et être reconnu pour son professionnalisme. Il travaillait beaucoup, parlait quatre langues et avait un bagou incroyable. Je le voyais trimer du matin au soir et se plier aux volontés de cette clientèle exigeante. Alors moi aussi je travaillais. Énormément. Je me donnais du mal pour qu'il soit fier de moi. De toute façon, je n'aurais pas pu faire autrement : il ne me lâchait pas d'une semelle ! Je dormais sur place, dans un cabanon en bois qui fermait juste avec un petit verrou : on aurait dit la maison des trois petits cochons ! Comme ça, il m'avait sous la main vingt-quatre heures sur vingt-quatre. Mais j'étais heureux qu'il soit exigeant avec moi : c'était sa façon à lui de me montrer que j'étais capable d'être le meilleur.

À l'hôtel, il y avait partout des femmes plus belles les unes que les autres, beaucoup de mannequins au bras des clients fortunés. Des jeunes femmes de l'Est un peu perdues, adorables mais perdues… Pas des filles pour moi ! Le champagne coulait à flots du matin au soir. Chaque jour, des stars et des people, aussi, venaient passer du bon temps sur la plage. Je me souviens de George Michael qui prenait régulièrement l'apéro et qui avait eu la gentillesse de me dédicacer mon disque fétiche, *Ladies and Gentlemen*, que j'écoutais en boucle à l'époque. J'avais aperçu Geri Halliwell, ou encore Charles Aznavour, ainsi que Jean Reno. Mais ce monde était surfait et dangereux ; on voyait même passer des gars douteux, des mafieux venus de Corse ou d'ailleurs. Mon oncle me rappelait sans cesse de rester à ma place, de ne pas me mélanger à ces gens qui ne faisaient pas partie de mon monde. J'étais là pour bosser et mettre un peu d'argent de côté. J'étais payé pour mon travail, et plutôt bien payé. Je me faisais de beaux pourboires et j'étais fier de cet argent propre que je gagnais à la force de mon travail.

Je me devais d'être irréprochable ; même si j'attirais les regards parce que j'étais jeune, bronzé et musclé, jamais je n'ai utilisé ces atouts – certaines femmes d'âge mûr me proposaient de l'argent pour passer la nuit avec elles, jamais je n'ai cédé à la tentation. Vis-à-vis de mon oncle et de mon père, je voulais être parfait. J'aurais été le plus malheureux des hommes si mon oncle avait dit à son frère que j'étais un feignant, un profiteur ou un mariole… Je voyais bien que je devais impérativement rester à ma place, loin de cet univers où le fric est roi. Tout ça n'est qu'un miroir aux alouettes. Ces gens qui gagnent beaucoup d'argent et le dépensent sans compter pour frimer ou obtenir les bonnes grâces de quelques femmes siliconées qui se ressemblent toutes... J'aurais pu me caser avec une milliardaire, mais partir avec quelqu'un pour de l'argent, c'est loin d'être une solution. Sans amour, à quoi bon ?

De temps en temps, mon oncle me laissait profiter de la piscine. J'avais l'impression d'être le roi du pétrole ! Il m'aurait donné un million que ça ne m'aurait pas fait plus plaisir. Trois heures de liberté sans l'avoir sur le dos : c'était le bonheur. Quand tu bosses jusqu'à 6 heures du matin, quelques heures de détente, ça ressemble au paradis.

Je ne garde que de bons souvenirs de ces étés à Saint-Tropez. Sur cette plage, comme à chaque étape de ma vie, c'est la peur de décevoir mon père, ma mère ou mes frères qui me donnait la rage. Je voulais être un exemple. Chacune de mes aventures a fait partie d'une sorte de chemin initiatique pour voir si j'étais à la hauteur. Un peu comme le héros de la série *Code Quantum* : à chaque moment de ma vie, j'ai eu un job différent et une épreuve de vie. Ce qui m'a permis de voir si j'étais à la hauteur.

Je l'ai dit déjà, le sport tient une place primordiale dans ma vie. Peut-être l'a-t-il même tout simplement changée. Depuis le collège et cette fameuse rencontre avec Claude Salze qui avait distribué des ballons comme autant de cadeaux tombés du ciel, je consacrais tout mon temps libre à l'entraînement. Le basket, c'est comme ma deuxième famille, un milieu très sain qui m'a offert un apprentissage assez proche de celui que j'ai reçu à la maison. J'y ai trouvé des règles strictes, des gens qui ont su me faire progresser et qui m'ont démontré que s'investir permet de décupler ses forces et d'aller bien plus loin que ce dont on se croyait capable. Avec ce sport collectif hautement exigeant, j'ai appris aussi la gagne et le partage, l'écoute, la cohésion et le respect : impossible de jouer perso ou de ne pas se remettre en question avec le basket si tu veux remporter la victoire. Une mentalité qui se résume dans cette maxime : « Seul on va plus vite, à plusieurs on va plus loin. »

Depuis plusieurs années, c'était dans un club de mon quartier que je m'entraînais. Le basket avait pris beaucoup de place dans ma vie : je mangeais basket, je dormais basket, je rêvais basket… Avec mon frère Tarik, qui partageait la même passion, nous restions des heures devant la télé à regarder en boucle les matchs de NBA enregistrés sur des cassettes VHS. Michael Jordan et toutes les grandes pointures de l'époque nous faisaient rêver.

Au cours de l'été 1999, j'étais tombé sur une annonce dans l'hebdo *Basket News,* qui proposait à des joueurs français un stage aux États-Unis. Le rêve américain me tendait les bras, et je m'y voyais déjà ! J'étais vraiment bon, je progressais bien, et je savais que je pouvais espérer une belle carrière si je continuais à m'entraîner dur. Ce voyage, c'était l'occasion de me confronter à meilleur que moi et, pourquoi pas, de me faire remarquer par des professionnels outre-Atlantique.

Mais ce rêve avait un prix : 30 000 francs. Une fortune. Pourtant, quand j'en ai parlé à ma mère, persuadé d'essuyer une fin de non-recevoir, elle m'a dit immédiatement que c'était le montant que lui avait légué mon grand-père à sa mort, et qu'elle était prête à mettre toutes ses économies dans mon rêve américain.

Nos parents nous ont toujours dit que voyager c'était une grande chance, et ils ne nous ont jamais empêchés de faire des projets ni interdit de rêver et d'y croire. On nous a toujours dit : « Si tu travailles, tu pourras y aller. » Échanger, partager, ouvrir les yeux sur d'autres cultures et d'autres sociétés, c'est indispensable pour comprendre et grandir. Je ne remercierai jamais assez mes parents de m'avoir aidé à découvrir le monde. Ce voyage aux États-Unis, c'était le voyage de ma vie.

Lorsque pour la première fois j'ai mis les pieds à New York, j'étais comme un fou. Je voulais tout voir, tout connaître, et je saluais chaque fille que je croisais ! Je me souviens avoir senti une énergie incroyable m'envahir dès la sortie de l'aéroport. J'ai débarqué avec un appareil photo jetable – on était encore à des années-lumière des smartphones et du numérique –, et j'immortalisais tout ce que je croisais.

La foule, les buildings, le métro, les rues immenses. Cette ville me surprenait à chaque pas.

Comme tous les jeunes de mon âge, j'avais grandi avec *Starsky et Hutch*, et je regardais *Sauvés par le gong*. Pour moi, la vie à l'américaine, c'était ce que j'en voyais à travers l'écran. Je croyais que j'allais rencontrer Tiffani Amber Tiesen et que je pourrais lui offrir un verre ! Et tout ça sans parler un mot d'anglais, évidemment. En réalité, j'ai vite déchanté quand j'ai pris la mesure du boulot qu'il me restait à faire si je voulais être à la hauteur des joueurs américains ! Néanmoins, j'ai vécu un mois de dingue aux États-Unis.

Entouré de gamins qui venaient tous de milieux aisés, passionnés comme moi de basket, j'ai d'abord été accueilli à Rutgers University, dans le New Jersey. Là, j'ai découvert un basket dont j'ignorais tout. Les joueurs étaient tous plus forts, plus agiles et plus rapides que moi. Au début, j'étais totalement perdu. J'avais l'impression qu'on ne pratiquait pas le même sport. Je me suis même demandé ce que j'avais fait sur le terrain pendant tout ce temps pour avoir un niveau aussi faible : je ne leur arrivais même pas à la cheville… Mais l'entraînement était d'un niveau incroyable et d'une exigence extrême : il fallait à tout prix que je réussisse et que je donne tout. Et mon attention et ma détermination ont vite payé. J'avais un retard fou, mais je le voyais s'amenuiser de jour en jour grâce à des infrastructures dignes des plus grands complexes sportifs français : salle de muscu, machines ultra-sophistiquées, piscine. On avait tout un attirail de professionnels à notre portée. Je savais que j'étais au bon endroit et que j'allais progresser rapidement. Nos entraîneurs étaient exceptionnels. Même s'ils étaient sans pitié ! Leur approche, leur mental, leur passion du sport et de la gagne étaient invraisemblables, et sans commune mesure avec ce que j'avais connu chez moi. J'avais retenu les conseils de mon père, et c'était le moment ou jamais de les appliquer à la lettre : « Apprends avec les meilleurs, écoute, regarde. »

Ensuite, direction l'Académie militaire de West Point, le Saint-Cyr américain, l'élite de la nation. Là-bas, c'était comme à l'armée : quelques heures de sommeil la nuit sur des lits de camp, footing de 10 km chaque matin au réveil, et entraînement quotidien à la dure. Je me souviens qu'on nous servait des saucisses à tous les repas et, comme je ne mange pas de porc, je n'avais pas grand-chose dans le ventre... Mais j'ai tellement appris ! On nous faisait jouer non-stop sur le terrain. Des dribbles, des shoots, des passes à n'en plus finir.

Pour la dernière semaine du stage, c'est dans l'un des plus grands stades de l'État de New York que nous avons été amenés à nous frotter à des équipes universitaires de la région, chaque jour. À nous de montrer ce dont on était capables. Positionnés en bordure de terrain, dans ce stade immense de Syracuse qui ressemblait à un décor de cinéma – j'avais l'impression de jouer à Paris-Bercy ! –, les coachs nous regardaient jouer et nous notaient. Je savais que mon avenir était en jeu : si je me faisais remarquer, à moi le basket professionnel. Alors j'ai tout donné, je ne voulais pas décevoir, et, par miracle, ça fonctionnait. Chaque soir, sur le terrain central, on retrouvait des équipes universitaires, des athlètes de haut niveau, et les coachs faisaient entrer les meilleurs d'entre nous sur le terrain. Et chaque soir, j'étais sélectionné…

À la fin des matchs, on m'indiquait mes points forts, mes points faibles, on me disait ce que je pouvais améliorer et comment y arriver. Et puis, le dernier jour, on m'a proposé d'intégrer l'équipe de la Tennessee High School. Un sport-études basket aux États-Unis ? J'avais réussi mon pari ! J'étais au comble du bonheur. Le rêve américain allait devenir réalité.

De retour en France, j'ai passé l'été sur un nuage. Mon avenir, enfin, semblait se dessiner, et la voie royale m'attendre à la fin de l'année. Une montagne de papiers administratifs restait à gravir, des dossiers à constituer, mais plus rien d'autre ne comptait : j'allais jouer dans une équipe professionnelle. Et aux États-Unis, s'il vous plaît !

À Paris, j'ai terminé mon contrat au centre de tri du courrier des impôts de Saint-Sulpice. Je m'y étais fait embaucher en vacation quelques mois plus tôt parce que cela me permettait de jouer dans l'équipe du ministère des Finances. Le job n'avait aucun intérêt, je tamponnais toute la journée des plis dans un sous-sol gris, glauque et aveugle, que je plaçais ensuite dans des casiers avant de les empiler dans des gros sacs en toile de jute que venait chercher un coursier… Un petit boulot alimentaire sans saveur et sans aucun espoir d'évolution.

Mais peu importait, désormais, seul le sport et ma future carrière comptaient. J'étais devenu le roi du monde : dans quelques mois, je vivrais avec une équipe de champions de basket de l'autre côté de l'Atlantique. J'avais pris de l'assurance.

Un peu trop d'assurance…

Un soir, en sortant du métro après le boulot, alors que je me dirigeais comme chaque jour vers le terrain de basket où m'attendaient les copains, j'ai traversé la grande avenue, porte de Montreuil, pour attraper, de l'autre côté, mon bus qui arrivait. J'ai jeté un rapide coup d'œil au feu avant de m'élancer. C'était rouge, je pouvais y aller. Mais la seconde d'après, j'ai été projeté sur plusieurs mètres par un scooter arrivé de nulle part. J'entendis à peine une voix très jeune lancer : « Espèce de con ! », avant de sombrer dans le noir complet.

Quand j'ai ouvert les yeux, des silhouettes se sont approchées de moi. Je les distinguais dans un semi-brouillard. Impossible de bouger le bas de mon corps ; il restait immobile. En levant péniblement la tête, j'ai découvert que ma jambe gauche faisait un angle bizarre entre la cheville et le genou. La douleur, atroce, me fit perdre connaissance.

Mon rêve américain venait de s'effondrer.

11.

Cet accident a sonné le début d'une totale remise en question suivie d'une nouvelle vie : je suis sorti de cet accident avec une double fracture, tibia et péroné, qu'il a fallu opérer immédiatement. On m'a placé une broche et six vis dans la jambe, et collé un plâtre des doigts de pied à l'aine pour six mois. Dans le meilleur des cas, après cette première période, un autre plâtre, jusqu'au genou cette fois, m'attendait pour trois mois encore. Sans parler d'une longue rééducation. C'est un processus de guérison de dix-huit mois qui s'engageait. Et tous mes espoirs d'une carrière sportive qui s'envolaient en même temps.

Mes parents, accourus à mon chevet, étaient au désespoir. J'avais tout misé sur le sport, je n'avais aucun diplôme hormis un pauvre CAP qui ne m'avait jamais offert grand-chose. Qu'est-ce que leur fils allait bien pouvoir faire une fois remis de son accident ?

C'est vrai que je n'avais plus rien. Pas de métier, pas d'études. Rien. J'avais mis tous mes œufs dans le même panier, et tout venait de s'effondrer. Je savais que, même si je m'entraînais fort, jamais je ne retrouverais le même niveau. C'était trop tard.

Tu vois qu'il valait mieux travailler à l'école…

Mais j'allais me battre, et m'en remettre. Il le fallait. Pour mon honneur, pour mes parents. Pour sauver ma vie.

Après quelque temps à l'hôpital, les médecins m'ont proposé un séjour de rééducation intensive à côté du Havre, au centre du Belloy.

Là-bas, coupé du monde pendant des mois, j'allais travailler sans relâche pour réapprendre à marcher et retrouver la meilleure mobilité possible. J'allais observer le même type de discipline que s'imposent les athlètes. Entouré de grands accidentés de la route, j'ai mesuré chaque jour la chance que j'avais dans mon malheur. Les jeunes que je côtoyais étaient généralement en fauteuil, ils avaient perdu l'usage de leurs jambes et ne pourraient plus jamais remarcher. Ma situation, à côté, c'était de la gnognote. Quelle leçon de vie de les voir se battre, tout donner et ne jamais se plaindre alors qu'ils étaient enfermés dans leurs corps blessés.

Cette épreuve douloureuse m'a appris aussi la dépendance et le respect pour le personnel soignant, dévoué à chaque instant. Quand tu ne peux plus rien faire tout seul, et que pour chaque mouvement, chaque déplacement, tu as besoin de solliciter l'aide de quelqu'un… ça te remet vite les idées en place. Les kinés du centre étaient exceptionnels. Ils m'ont entouré, conseillé et aidé à ne pas perdre espoir et à remonter la pente. Plus déterminé que jamais à me surpasser afin de me remettre le plus vite possible, je n'ai rien lâché. J'ai travaillé du matin au soir à ma reconstruction, participé à toutes les activités : kiné, balnéo, exercices… Tout était bon pour progresser et me vider la tête. On m'avait prévenu que je ne retrouverais sans doute jamais mon niveau de basket, mais je refusais de baisser les bras : il fallait à tout prix que je revienne sur le terrain et, quoi qu'il advienne, j'étais déterminé à tout faire pour atteindre mon rêve.

Pour mon entraîneur, celui du club du ministère des Finances, mon retour était impensable. Il n'avait pas vraiment confiance en moi et m'a même fait comprendre à demi-mot qu'il valait mieux que je laisse tomber… D'ailleurs, il n'a jamais pris de mes nouvelles pendant ma convalescence. Pas plus que les membres de mon équipe. Mais je ne leur en veux pas – j'étais jeune, je ne pensais même pas à ça. J'étais seulement concentré sur mon ego : vous pensez qu'il va me falloir deux ans pour m'en remettre mais c'est mal me connaître, je vais revenir, vite, et en pleine forme !

C'est cet accident qui m'a forgé un caractère opiniâtre et persévérant, ces longs mois de rééducation qui m'ont donné la force et la détermination dont je manquais. Après cela, je n'ai plus jamais été le même.

Chaque jour, pendant que la kiné stimulait ma jambe, je faisais travailler le haut de mon corps, remusclant mes bras pour ne rien perdre de mes capacités. Dès que j'avais un moment, assis, je tirais des dizaines et des dizaines de paniers – on m'avait trouvé un ballon de basket –, mais je n'avais pas l'autorisation d'y jouer debout. Je continuais à m'entraîner non-stop.

Comme on apprend à le faire en survie – je m'en souviendrais plus tard, sur le tournage de « Koh-Lanta » –, en plus de l'entraînement physique et de la rééducation, j'ai fait toutes les activités manuelles qu'on me proposait. Il fallait que j'occupe chaque minute de ma journée, que je m'investisse dans tout ce que je faisais. Pour donner un sens à ma vie, et trouver le temps moins long. Certains jours étaient plus durs que d'autres. J'avais parfois envie de tout lâcher, de ne plus me lever. Mais les médecins, les kinés, les membres de l'encadrement, personne ne m'a laissé m'apitoyer sur mon sort dans mon coin. Et à chaque baisse de régime, à chaque zone de turbulences, je me suis relevé avec leur aide. Cette abnégation, ce courage dont font preuve tous ces gens, c'est incroyable. Je me suis dit à ce moment-là, d'ailleurs, que c'était exactement ce que je voulais faire en sortant de cette galère : encadrer à mon tour des personnes en difficulté, leur apporter mon soutien. J'étais déterminé à passer un diplôme d'encadrant sportif en rentrant chez moi.

Après une année d'immobilisation dans ce centre, plusieurs changements de plâtre et maintes infections que je n'arrivais même plus à compter, je suis rentré à Paris avec un seul but en tête : faire mentir les pronostics défaitistes, donner tort à ceux qui avaient déclaré que ma carrière était foutue. Il était temps de prendre ma revanche et de remonter en selle.

Bien sûr, l'équipe ne m'avait pas attendu, et elle avait continué à progresser pendant que je devais tout reprendre à zéro. Je n'y avais plus ma place, et, au niveau où j'étais redescendu, il me fallait tout recommencer.

Je me suis retrouvé en équipe « corpo ». C'est le niveau le plus bas. Une leçon d'humilité qui pique un peu, mais il en aurait fallu plus pour me mettre à terre ; je n'avais pas passé tout ce temps à me reconstruire pour baisser les bras. Alors chaque jour, j'ai frappé le ballon. Sans arrêt. Je faisais rebondir la balle et j'enchaînais séances de tirs, jusqu'à deux cents shoots d'affilée. Je ne faisais que ça, avec une seule idée : revenir.

Mon équipe du Club sportif du ministère des Finances était constituée de seniors, ils avaient tous entre cinquante et soixante ans, mais qu'importe, je jouais au basket, c'était tout ce qui m'intéressait. Mon entraîneur était Franck Velez. Je le connaissais bien, pour l'avoir vu à l'œuvre quand il entraînait la police de Paris. J'admirais son travail, sa rigueur et sa mentalité. Je savais qu'il avait à cœur de donner aux jeunes leur chance. Il les prenait sous son aile et en faisait des champions, des gars bien. Il avait une belle approche de son sport et une technicité hors du commun. Entre ses mains, je savais que mes progrès seraient fulgurants. Je savais aussi qu'il allait me faire travailler dur, très dur. Mais c'était ce que j'attendais.

Avec lui, j'ai redémarré de tout en bas et j'ai gravi les échelons à la force de mon travail et de son attention. Les sensations revenaient, je retrouvais la confiance. Mais qu'est-ce que j'en ai bavé ! Il était constamment derrière moi pour que je ne lâche rien. Au fil des mois, j'ai repris de l'ampleur au sein de ma nouvelle équipe. Il y avait des jeunes de mon âge, mais des plus vieux, aussi : ils nous aidaient et nous apportaient leurs connaissances sur un basket *old school* plein de bon sens. Je m'éclatais et retrouvais le plaisir du jeu. En quelques mois, mes pénibles souvenirs en centre de rééducation s'estompèrent, et je me sentis à nouveau prêt à soulever des montagnes. J'étais heureux de retrouver le goût de la gagne, de transpirer, de m'entraîner quatre fois par semaine.

Cette année-là, nous avons gagné le championnat en excellence régionale. J'étais encore loin des prouesses réalisées trois ans plus tôt, à la veille de mon accident, mais ça commençait à redevenir un peu sérieux. Bizarrement, je ne percevais plus le temps de la même manière… Après mon parcours du combattant, j'étais prêt à accepter que les choses se fassent plus lentement, à attendre, à patienter.

Côté boulot, ce n'était pas la gloire. À vingt-six ans, c'étaient encore mes parents qui m'entretenaient.

Et cette seule pensée me faisait grincer des dents. Même si je jouais désormais en semi-pro, je n'étais payé qu'en cas de victoire… Et on était bien loin de la fortune : on touchait 250 francs à domicile, 500 francs à l'extérieur. Pas de quoi rouler des mécaniques ! Mais je continuais à me battre comme un dingue. Je grimpai en Nationale 4 puis Nationale 3. Ça devint très compliqué. Dans mon équipe, il y avait des grosses pointures, les entraînements étaient de plus en plus exigeants. Mais Franck ne me lâchait pas.

Je dois dire qu'il a été pour moi bien plus qu'un entraîneur. C'était mon mentor, mon frère, mon père spirituel. En me mettant sans cesse face à des responsabilités et des difficultés de plus en plus grandes, il m'a fait dépasser mes limites. Son approche de la technicité du basket était exceptionnelle, mais il avait surtout une grande confiance dans les capacités de ses joueurs. Peut-être plus encore dans les miennes. Sans favoritisme à mon égard, même si nous avions développé une complicité très forte et une relation plus amicale – il me raccompagnait souvent à la maison en voiture le soir, car il habitait tout près de chez nous et nous parlions beaucoup ; pour autant il ne marquait jamais de différence ou de préférence sur le terrain. Je suis resté aussi longtemps que les autres sur le banc.

À l'entraînement, je m'investissais à fond, et je savais qu'un jour j'aurais ma chance, que je pourrais montrer ce dont j'étais capable. Et je l'ai eue, mon heure de gloire ! Ce jour-là, on était menés de treize points à domicile après une saison un peu compliquée. Franck avait des différends avec certains joueurs de l'équipe, et il jouait sa place ; il risquait d'être remercié à la fin de la saison. Il nous restait un quart-temps à jouer quand il m'a fait rentrer. J'ai tout donné. Je tirais dès que je le pouvais et comme par miracle, tout rentrait. C'était exceptionnel. Et on a fini par l'emporter, ce match. Pour la première fois de ma vie, j'ai vu Franck venir vers moi, des larmes dans les yeux. Il m'a dit :

— Je te remercie.

Aujourd'hui encore, en écrivant ces lignes, ma gorge se serre d'émotion. J'avais montré l'ampleur de ma détermination et de mes compétences. Et surtout, j'avais rendu à cet homme ce qu'il m'avait appris et donné. Cette reconnaissance, c'était exactement ce que je recherchais. Jamais plus je ne l'ai retrouvée dans ma vie professionnelle. Jamais. Ça n'existe pas dans le milieu de la télé. Parce que rien ne repose sur la confiance, l'échange ou le respect. Dans ce monde-là, c'est l'argent qui dirige tout.

J'ai eu tant de chance de connaître des gens de cette qualité, prêts à m'offrir leur savoir sans rien me demander en échange. La seule chose qu'on attendait de moi, c'était que je sois droit et respectueux. Comme avec mes parents qui nous exhortaient à être honnêtes, ne pas nous faire remarquer, ne pas être des bandits. C'est cette même éducation que j'avais retrouvée sur le terrain avec Franck.

Bien que ce match ait sauvé la saison, Franck a dû malheureusement partir dans un autre club. Je suis resté un an avec un nouvel entraîneur, pour honorer mon contrat, mais j'avais perdu la niaque avec le départ de mon mentor. À la fin de l'année, la mort dans l'âme, j'ai quitté le basket pour toujours et repris ma « vie d'avant », à glaner des petits boulots à droite à gauche. Et à déprimer.

J'avoue avoir un peu perdu pied à ce moment-là. Je restais enfermé dans ma chambre, passant des heures devant la télé. L'esprit vide. Sans le sport, je ne savais plus quoi faire. Pour être payé, j'ai suivi quelques formations, travaillé chez Auchan, mais je ne faisais rien de concret. Mes parents, inquiets pour mon avenir, me poussaient à trouver un « vrai » travail, mes frères m'encourageaient à sortir de cette situation. Mais j'avais perdu la foi. Je me retrouvais face à un vide intersidéral devant lequel je me sentais totalement démuni. Je savais bien qu'il fallait qu'il se passe quelque chose, mais j'avais le sentiment de ne rien maîtriser et, par manque de conviction et de courage, je ne mettais rien en place pour m'en sortir.

Occupé à plein temps par le sport depuis des années, je n'avais jamais goûté à la vie nocturne et aux rencontres amoureuses. Tout à coup, je me suis laissé aspirer par les sorties, je fréquentais des filles et dilapidais le peu d'argent que j'avais. Je passais mes nuits dehors pour ne rentrer qu'au petit matin. Heureusement que je ne bois pas une goutte d'alcool…

Un matin, alors que je travaillais dans un magasin de sport à Aubervilliers, j'ai vu débarquer Franck

Vélez au milieu des rayons. De but en blanc, il m'a proposé de revenir jouer avec lui et d'entraîner des jeunes au prestigieux Club athlétique des sports généraux (CASG), porte d'Auteuil, dans le seizième arrondissement. Nouveau rebondissement, retour au basket... Même si ça n'a pas duré.

Franck savait que je n'avais aucune expérience en la matière. Seulement mon brevet d'État d'éducateur sportif – je m'étais inscrit à cette formation, à Vincennes, à ma sortie du centre de rééducation –, mais il a fait confiance à son instinct et croyait en mes capacités d'adaptation : il aimait mon approche des jeunes et pensait que je serais suffisamment pédagogue et patient pour les encadrer. Il savait que je pouvais à mon tour transmettre le savoir-faire qu'il m'avait enseigné. Peut-être devinait-il aussi que ce nouveau rôle pourrait me sortir d'un mauvais pas. Il m'offrait une nouvelle chance. Et un salaire.

Même s'il ne s'agissait que d'un petit Smic, j'étais enfin indépendant. Et utile. C'est tout ce que j'attendais. Chaque mercredi, j'enfilais mon costume de coach. Une nouvelle étape de ma vie. En me retrouvant de l'autre côté de la ligne, je découvrais aussi un nouveau monde, celui des beaux quartiers ! Au Stade français, catapulté parmi les joueurs de tennis et de rugby du dimanche, j'entraînais près de deux cents enfants avec mon copain Al, venu comme moi des quartiers populaires de Paris. Ces gamins étaient presque tous des fils à papa qui venaient plus pour comparer leurs dernières baskets et se pavaner dans leurs doudounes Chevignon que pour se confronter à l'épreuve du ballon... On aurait dit une immense garderie pour gosses de riches. Mais sur le terrain, c'était moi le patron : pas question de parader. Ils étaient là pour jouer au basket, apprendre et s'entraîner à fond. J'étais bien décidé à montrer à ces enfants ce que c'était que le sport et à les faire transpirer. Je n'avais pas l'intention de les prendre avec des pincettes.

Je m'adressais à eux dans mon langage des cités, un peu décalé et « exotique » pour ces jeunes au vocabulaire plus classique, et si ça les a surpris un peu au début, ils ont rapidement pris l'habitude. Je n'allais pas faire semblant d'être ce que je n'étais pas ! Et ce qui comptait avant tout, c'était de les traiter comme une équipe, une vraie, même s'il étaient tous des empotés qui ne connaissaient rien au basket !

Je me suis mis à reproduire les gestes de Franck, à transmettre tout ce dont j'avais moi-même hérité. Et, peu à peu, j'ai senti qu'il se passait quelque chose entre nous. Quelque chose de bien plus fort que le seul plaisir de jouer : celui de se retrouver et de progresser ensemble. J'avais l'impression, finalement, que pas grand monde ne prenait soin de ces gamins. Est-ce que, trop pris par leurs emplois du temps de ministres, leurs parents oubliaient un peu de leur parler, de les mettre à l'épreuve ou de leur transmettre des valeurs ? Sur le terrain, à mes côtés, ces ados de treize ou quatorze ans – Norman, Tanguy, Marin et les autres – apprenaient à partager, à écouter, à grandir et progresser. Je ne les lâchais pas d'une semelle. Et je ressentais une fierté immense à les voir ainsi se modeler semaine après semaine. Je me suis découvert une âme d'entraîneur et j'ai aimé ça. Passionnément.

Mercredi après mercredi, et le dimanche quand nous disputions des matchs, j'ai vu ces gamins se transformer. À force de leur répéter : « Aidez-vous, parlez-vous ! » ; « Fonctionnez comme une équipe » ; « Si on veut gagner, il faut s'entendre » ; « Sur le terrain, on doit tous s'entendre » ; « Même si dans la vie on n'aime pas forcément tout le monde, dans une équipe, on n'a pas d'autre choix », ils ont modifié leur façon de penser, leur jeu, et leur raisonnement parfois un peu fermé et « perso ». Ils ont adhéré à mon discours, buvant mes paroles. Le fait de jouer ensemble leur a permis à tous de s'épanouir et de découvrir ce qu'est l'esprit d'équipe. Ce moteur magique que j'avais moi-même acquis quelques années plus tôt. Et on gagnait tous nos matchs ! J'ai réussi à faire progresser tout le monde. Même le petit Andreï, un gamin russe laissé un peu à l'écart et parfois moqué par les autres. Une telle métamorphose s'était opérée en lui que sa mère était venue me voir à la fin de l'année pour me remercier.

Tous les gamins que j'ai suivis cette année-là ont changé d'attitude avec les autres. Même à la maison, mon travail et mes conseils portaient leurs fruits. Ce n'était pourtant pas compliqué, ce que je faisais. Je leur disais simplement d'écouter leurs parents, de les respecter, de se montrer courageux, volontaires et bienveillants. Que les vrais champions doivent être des exemples, sur le terrain comme partout ailleurs. Ma reconnaissance pour Franck était énorme, en voyant changer ces mômes. Elle l'est toujours, d'ailleurs. Comme il avait réussi à faire grandir cette graine que j'avais en moi, je faisais évoluer ces petits. Je leur ai transmis la niaque. Je les valorisais.

Je leur ai même montré d'où je venais, en organisant une rencontre dans un gymnase en bas de chez moi, pour qu'ils mesurent la chance qu'ils avaient. Quelle rigolade quand les parents ont déposé leur progéniture porte de Montreuil ! Ils faisaient tous une drôle de tête… Notre premier match fut un vrai fiasco. On s'est pris une grosse gamelle. Forcément, les gamins du quartier ont vu arriver des gosses de riches ; ils n'avaient qu'une envie, les éclater. Ils étaient chez eux, et ils n'avaient rien à perdre. Alors que mes joueurs étaient tétanisés. Résultat : ils se sont fait littéralement anéantir. Je me souviens très bien de mon débrief dans les vestiaires :

— Ces gamins des quartiers, ils n'ont rien ; vous, vous avez tout, et vous croyez que c'est un dû. Mais il faut se battre un peu pour décrocher une victoire. Il faut se donner à fond.

Au match retour, la leçon avait porté ses fruits et, nous sommes repartis victorieux ! Par la suite, nous avons refait l'expérience et mélangé les gamins des deux clubs, qui ont fini par devenir copains. Une fois passé le choc thermique, ils ont compris qu'ils avaient tout à gagner à se mélanger.

Cette année s'est terminée de la plus belle façon possible : on a gagné le championnat. On était si fiers… Et je ne vous parle pas des parents de mes jeunes joueurs ! Une aventure humaine inoubliable.

12.

Fin 2002, à bientôt trente ans, je vivais toujours chez mes parents. J'avais décidé d'arrêter le basket, définitivement cette fois, et n'avais pas renouvelé mon contrat auprès des jeunes du seizième arrondissement : Franck avait finalement quitté le club, je ne me voyais pas continuer l'aventure en solitaire. Il était plus que temps pour moi de trouver ma voie, d'arrêter de papillonner et de vivoter en passant d'un boulot à l'autre, d'un projet à un autre.

J'avais travaillé dans les rayons « produits laitiers » d'un supermarché, mon boulot consistant à décharger à 3 heures du matin des palettes de yaourts, de plaquettes de beurre et de pots de crème fraîche avant de les placer dans les rayons réfrigérés. Pas franchement épanouissant comme job… Mais il n'y a pas de sot métier ; je le faisais avec précaution et en suivant à la lettre les recommandations du chef de rayon. Les premières semaines, comme un robot, j'avais placé tout ça sans réfléchir ni me poser de questions. Pourtant, après deux mois de ce régime, c'est aux produits eux-mêmes que j'avais commencé à m'intéresser ; comment ils étaient choisis, par qui, pourquoi ? Je n'allais pas rester manutentionnaire toute ma vie… J'aurais bien aimé qu'on me propose de monter en grade, de travailler aux côtés de ceux qui choisissaient les produits avant de les mettre en rayon. Dans notre société, c'est tout simplement impossible. Si t'as pas les diplômes, le nom de famille qui va bien et les pistons qui vont avec, tu restes à la manut'. On ne me laissait pas la chance de me démarquer et de prouver que j'étais capable. Juste parce que j'étais Moundir. Moundir Zoughari.

Je n'en pouvais plus de me justifier chaque fois que je me présentais en entretien. Ça commençait à me peser. Chez Adidas, par exemple, où j'avais postulé pour être vendeur, je me souviens qu'en entretien, on m'avait même demandé :

— Votre prénom, il n'est pas français ? Vous n'êtes pas français ?

— Si, si, j'avais répondu, je suis né en France.

— Mais vous avez des origines…

— Quel est le problème ?

— Rien, rien, mais on aime bien connaître l'origine des gens.

Est-ce que ça changeait vraiment quelque chose de connaître l'origine des gens, de regarder ce qui est inscrit sur leur passeport, pour savoir s'ils vont être capables de mettre XL ou L sur des portants de tee-shirts ?

Cette injustice, ces discriminations commençaient à me faire baisser les bras. En quoi mes origines constituent-elles en elles-mêmes un caractère, une disposition particulière ou un handicap ? C'est tellement déplacé… On va nous faire revenir en arrière combien de décennies ? Combien de générations ?

Toujours est-il que j'avais trouvé un moyen plutôt efficace de gagner ma vie en faisant office de cobaye pour des labos. Là, personne ne regardait d'où je venais… Mais en guise de carrière, c'était un peu léger, je n'allais pas faire ça toute ma vie…

Un matin, alors que j'étais justement pour une dizaine de jours dans un centre médical – en échange d'une petite fortune –, je tombai sur une annonce de casting pour une émission de télévision : « Koh-Lanta ». À l'époque, le programme n'en était qu'à ses débuts, mais il remportait déjà un immense succès. J'avais suivi avec attention les deux premières saisons, et vu gagner Amel avec beaucoup d'émotion : pour la finale, diffusée en direct sur TF1, la mère de la jeune femme faisait partie du public. Cette maman voilée m'avait fait penser à ma propre mère, et j'imaginais sans peine la fierté qu'elle éprouvait à voir sa fille en prime time devant des millions de téléspectateurs !

Et si je faisais pareil ? Si j'offrais une victoire de ce type à ma mère ? J'avais envie de connaître cette réussite, moi aussi. Je m'en sentais capable. Une expérience sportive et humaine hors norme sur une île déserte : et si c'était ça mon avenir ? Ma chance ?

Pour postuler, rien de plus simple. Il suffisait de remplir un questionnaire et de le compléter avec quelques photos. Problème : dans ce centre de santé où je subissais quotidiennement des tests et des prélèvements en tout genre, je devais rester enfermé vingt-quatre heures sur vingt-quatre, condition *sine qua non* pour toucher les 3 500 euros promis. Mais il en aurait fallu plus pour m'empêcher d'aller jusqu'au bout de mon idée : je mis dans la confidence une jeune secrétaire avec qui je m'entendais bien et qui accepta de poster pour moi ce dossier. Je n'avais plus qu'à patienter. Cette aventure, je sentais qu'elle était pour moi. Je n'avais pas de boulot, pas d'argent, pas d'avenir. Mais ce rêve de télé s'était emparé de moi. Je voulais la notoriété, la fortune. Entrer dans la lumière. Me faire de l'argent facile et rapide. Comme ces *boys bands* à la mode qu'on voyait dans les clips à la télé et dont la célébrité me montait à la tête. Moi aussi je voulais la gloire ! Pourquoi n'y aurais-je pas droit ? J'étais alors loin des principes familiaux dans lesquels j'avais grandi et de l'éducation que j'avais reçue. Tellement loin…

En plus des photos que j'avais glissées dans l'enveloppe envoyée à la production – j'étais dans la force de l'âge, musclé et bronzé, et il faut avouer que les prises de vue réalisées par une agence de casting me mettaient clairement à mon avantage –, j'avais montré un aspect de ma personnalité qui allait, je le pensais, marquer les esprits. À la question : « Pensez-vous être le candidat idéal ? », j'avais répondu sans vergogne et dans un excès de confiance :

— Je ne pense pas être le candidat idéal, je suis sûr de l'être ; ceux qui pensent sont ceux qui perdent.

J'avais fait mouche. Quarante-huit heures plus tard, je recevais un appel de la prod pour me proposer de passer un premier entretien par téléphone ! Il faut croire que mon ego surdimensionné avait fait son petit effet : parmi les innombrables dossiers reçus par la chaîne, le mien avait été sélectionné. « Koh-Lanta » réunissait alors plusieurs millions de téléspectateurs, c'était déjà un énorme carton dans l'histoire de la télé-réalité.

Après l'entretien par téléphone où je m'étais fait remarquer en répondant à la question : « Quel animal êtes-vous ? » par « Un lion. Il est feignant mais il déchire tout, c'est lui qui commande » – encore une belle preuve d'humilité, non ? –, je me classai parmi les 500 candidats appelés à se présenter à l'étape suivante : un rendez-vous dans les bureaux de la production.

Pour l'occasion, je m'étais fait beau ! Pas question de laisser le jury insensible à mon charme. Moulé dans un tee-shirt qui mettait en valeur mes muscles, cheveux ultra-gominés et jean dernier cri, j'arborais le look idéal pour entrer en boîte de nuit sur la Côte d'Azur. Quand j'y pense... Face à la caméra, je ne me suis pas démonté. J'ai continué sur la lancée infernale du Moundir de l'époque que rien n'arrêtait : sûr de lui et inventif, cador et grande gueule. C'est Isabelle Gambotti, directrice de production, qui mena l'interview. Depuis, nous avons appris à nous connaître et nous sommes devenus amis. C'est une femme exceptionnelle qui compte beaucoup dans le milieu de la télé. Sur le coup, ça ne m'a pas intimidé et j'ai joué la provoc' à fond. Je savais que si je tenais plus de sept ou huit minutes face à cette caméra – et à cette femme qui avait mon avenir entre ses mains – c'était gagné.

J'ai croisé les bras, me suis campé sur mes jambes façon cow-boy, et j'ai attendu qu'elle m'interroge.

— Pourquoi tu veux faire « Koh-Lanta » ? m'a-t-elle demandé.

— Parce que je suis déterminé à gagner. J'ai un peu fait le tour, aujourd'hui, et j'ai besoin de vivre une aventure. Je voudrais trouver l'âme sœur, aussi, sur votre île déserte. Et puis, vous ne trouverez pas meilleur que moi, et dans l'émission vous ne pouvez pas prendre les faibles, vous ne gardez que les meilleurs…

Je crois que ce qui l'a intriguée, c'est qu'à la question : « Pourquoi tu n'as rien trouvé dans ta vie ? », je lui ai répondu qu'elle n'avait qu'à venir voir comment ça se passait chez nous, dans les quartiers :

— Venez, vous verrez, lui ai-je dit pour la provoquer, et ça lui a plu.

— Tu as l'air prétentieux, quand même… a-t-elle ajouté.

— Il faut l'être pour se présenter à « Koh-Lanta ». Sinon, je ne serais pas devant vous.

Enfin, lorsqu'elle m'a questionné sur d'éventuels frères et sœurs, j'ai décroché le gros lot :

— Oui, j'ai cinq frères : pas de filles, pas de problèmes.

Elle a éclaté de rire et mis fin à l'entretien. C'était bon pour elle, je pouvais passer à la prochaine étape des sélections.

Au total, le processus de recrutement a duré quatre mois. Je n'avais rien à perdre et j'ai continué à jouer le jeu à fond. Tests en piscine, séance chez le psy, nouveau casting devant les caméras... J'avais l'impression d'être passé à la moulinette ! Mais il y avait un code déontologique et des règles strictes à respecter. La production ne laissait rien au hasard. J'ai passé toutes les étapes. Jusqu'à la sélection finale qui a tout simplement changé le cours de mon existence.

13.

Durant les longues semaines qu'a duré le casting, j'ai eu le sentiment de prendre ma revanche sur tous ceux qui m'avaient refoulé auparavant : « trop typé », « pas assez musclé », « trop ceci » ou « pas assez cela ». Je n'avais cessé d'entendre ça toute ma vie. Dans toutes les situations.

Je n'en pouvais plus qu'on me parle de « mes origines » dès que je cherchais un job ou que je me présentais quelque part. Et pas plus à la télé qu'ailleurs je n'ai été protégé de ces clichés et de cette stigmatisation. De ces amalgames incessants et pesants. Mes parents ont entendu ce discours toute leur existence et ils ont fait profil bas, l'ont accepté. Moi, je suis né ici, en France, je refuse d'endurer à mon tour cette discrimination en silence : je n'ai pas à la subir dans mon propre pays. Je suis chez moi, pourquoi me jugerait-on sur mon apparence ? Je ne suis pas un bandit ni un meurtrier.

Les préjugés fourmillent sur les chaînes de télé comme dans l'ensemble des milieux artistiques. Les minorités noires et arabes, au même titre que l'ensemble de la communauté LGBT, n'ont qu'une faible visibilité, même si, depuis l'élection d'Obama à la tête des États-Unis et l'arrivée de Harry Roselmack la même année sur TF1, notamment, les choses ont – un peu – changé. Dans le showbiz, il faut dire que c'est chacun pour soi. Il est temps de faire évoluer ce système. Depuis 2014 et les saisons successives des « Marseillais » et de « Moundir, l'aventurier de l'amour », j'ai toujours fait mon travail d'animateur en observant de près le producteur pour apprendre petit à petit les ficelles du métier. Je sais comment je veux faire évoluer ma carrière. J'ai à cœur de proposer aux téléspectateurs quelque chose de plus authentique et plus en adéquation avec mes valeurs que ce qui existe actuellement. La France va mal, on doit profiter de cet outil pour montrer de belles choses, transmettre la bienveillance, le partage, l'ossature familiale et éducative, la valeur et le goût de l'effort ; tout le monde en a besoin et le mérite. La télé est un formidable vecteur pour donner aux gens envie de se dépasser et de vivre ensemble. Elle doit donner le bon exemple.

Aristote dit : « Avoir beaucoup d'amis, c'est n'avoir pas d'amis », j'en ai compris le sens en évoluant dans le milieu du showbiz et des paillettes… Dès que tu baisses la garde, tes « amis » retournent leur veste et te tirent dans le dos. Tôt ou tard, parce qu'il veut ta place ou attend ta chute dans l'ombre, ton allié prend le visage de l'ennemi. C'est ce que j'ai voulu faire comprendre à Inès, ma femme, qui, comme moi au début, pensait que la télé était un monde merveilleux. On peut dire qu'elle a vite déchanté… Tout ce qui brille n'est pas d'or. La seule chose qui compte, c'est le travail, ce que tu fais de ta vie, tes actes et la trace que tu laisseras. C'est le seul point important : qu'on puisse dire de toi : « Lui, il a toujours fait les choses dans les règles, dans le respect des autres, et à la force de son travail. »

Partout où je me présente, je dois prouver que j'y ai ma place autant qu'un autre et parfois plus, me battre et faire mes preuves, faire face à la discrimination, jour après jour. C'est violent. Très violent. J'ai l'impression que cette pression est presque plus forte qu'à l'époque de mes parents. La vague d'attentats qu'a traversée notre pays ces dernières années n'y est sans doute pas étrangère. Les terroristes ont meurtri la France mais ils ont fait aussi beaucoup de mal à la communauté musulmane. Depuis, la suspicion règne partout, chacun a les yeux rivés sur son voisin dès lors qu'il est un peu typé, qu'il a la peau mate ou qu'il porte une barbe brune un peu fournie. Pourtant, lorsqu'on pleure des morts, on n'est pas triste en tant que musulman, on est triste en tant qu'humain. Que ce soit un juif, un musulman ou un chrétien, c'est un homme qui meurt.

Lorsque, enfants, en Algérie, on nous disait, à mes frères et moi, « émigrés, émigrés » avec un accent algérien excessif, « émigrrrris, émigrrrris », ça me faisait une peine immense. Je me sentais tout aussi français qu'algérien et je ne comprenais pas ce choix impossible qu'on me demandait de faire. D'autant qu'en France, on me disait l'inverse… Comment faire un choix entre mes deux patries ? Mes ancêtres, mes racines, les fondements de mon histoire familiale sont en Algérie, mais ma vie est ici, en France, parce que j'y suis né et que j'y vis depuis plus de quarante ans.

Petit, je ne comprenais pas ce racisme dont j'étais régulièrement la cible. Ici comme là-bas. Les autres posaient des questions à ma mère et me demandaient : « T'es d'origine algérienne ? », « Ton nom, il n'est pas français ? », « Moundir, ça veut rien dire »… À l'école, il n'y avait pas beaucoup d'immigrés, seulement quelques pieds-noirs, des Italiens et des Portugais. Quand on m'interrogeait sur mes origines, c'est marrant, ça me donnait de l'importance ! Je pensais que c'était une belle chose de venir d'un autre pays, j'étais fier de mes racines. C'est bien plus tard que j'ai compris ce que sous-entendaient toutes ces questions que je prenais à tort pour de l'intérêt et de l'admiration…

Pourtant, à la maison, il était évident que vivre ensemble, se mélanger aux autres avec nos différences et nos origines diverses était une force plutôt qu'une tare. En bas de chez nous, dans le vingtième, qui n'était encore qu'une sorte de petite campagne parisienne paisible, se trouvaient deux synagogues. Chaque vendredi, c'était shabbat pour les juifs, et pour nous, c'était jour de prière. On se croisait sur le palier, dans la rue. Tous sur notre trente-et-un. Mes parents nous avaient appris à saluer poliment, à dire bonjour avec un sourire et un petit signe de la tête. Dans le respect de l'autre et l'ouverture. C'était pas compliqué. On ne voit plus ça, aujourd'hui. Même s'il faut des siècles pour le faire comprendre aux nouvelles générations, ce que j'ai appris, je veux le transmettre aux autres. Ça prendra le temps que ça prendra. À commencer par mes enfants qui feront la même chose plus tard avec leurs propres enfants. C'est primordial. Indispensable.

Ces comportements vont bien au-delà d'une quelconque religion, mais il est vrai que c'est ma croyance qui me rend tolérant. J'ai fait confiance à l'humain, beaucoup, mais j'avoue avoir souvent été déçu. C'est sans doute ce qui m'a mené sur le chemin de la foi. J'ai l'intime conviction que c'est Dieu qui m'a permis de rencontrer les bonnes personnes. Lui qui les a mises sur ma route. C'est cette croyance qui m'ouvre les yeux, ma foi qui me rend chaque jour meilleur. Et mon éducation. Le combo parfait.

Ne jamais demander à l'autre de faire les choses à ta place, les faire soi-même. Ne surtout pas déranger. Faire le bien autour de soi, dans la bienveillance et le respect. Cet amour du prochain, ce savoir-vivre, c'est mon arme de destruction massive. Avec ça, je suis insubmersible, chargé à bloc, et à l'infini. C'est loin d'être un fardeau, ça grandit, ça se développe et me nourrit au quotidien. C'est un cercle vertueux qui me porte tous les jours de ma vie. Ça m'aide à dire non, à assumer ce que je suis, qui je suis, à regarder l'avenir avec fierté et avec confiance. La force du ciel me rend droit, fier et heureux.

Si je baigne depuis mes origines dans la tradition musulmane, mes parents n'étaient pas particulièrement pratiquants lorsque nous étions enfants. Ma mère avait porté le foulard dès l'âge de quatorze ans, en Algérie, comme ses sœurs – et comme toutes les jeunes filles tout juste devenues femmes –, mais en arrivant en France elle avait d'abord fait le choix de ne plus le porter. Dans les années 1970, personne ne s'y couvrait de cette façon, alors elle avait préféré ne pas se faire remarquer. Pour se fondre dans le paysage. Ce n'est que plus tard, après la naissance de Tarik, que le voile s'était à nouveau imposé à elle comme une évidence, « une marque de sa pudeur et de sa responsabilité religieuse », comme elle dit. Pour ma part, je suis très attaché à l'islam et à ses enseignements que j'ai appris avec le temps, à force de m'y intéresser et de l'étudier. Me soumettre à ma foi et y adhérer pleinement, en confiance, parce qu'elle est pour moi l'incarnation de l'amour, procure un grand repos à mon âme.

Je vais de temps en temps à la mosquée, près d'Arles, où je suis installé avec ma famille depuis plusieurs années. Le prêche du vendredi est en français et en arabe, car certains ne comprennent pas l'arabe, mais ce n'est pas tant pour ce que j'y apprends sur la religion que je m'y rends, ce qui m'importe, c'est ce mélange des cultures et les rencontres. La prière est un moment privilégié, la mosquée un lieu propice aux échanges où viennent se recueillir des hommes de toutes professions, de toutes origines, avec lesquels je peux créer des liens forts et enrichir mon système de pensée. Je m'y sens bien. On y parle beaucoup et ces échanges me nourrissent, ils sont fondamentaux dans ma construction d'homme, d'époux, de père de famille et de croyant. Le Prophète disait que pour comprendre la religion musulmane il fallait aller jusqu'en Chine, communiquer avec le maximum de personnes et découvrir d'autres cultures, d'autres confessions. J'en ai l'intime conviction.

Malcolm X, figure emblématique du mouvement noir américain des années 1960, et qui prônait jusqu'en 1964 une idéologie racialiste et séparatiste, raconte que, lors de son pèlerinage à La Mecque la même année, il s'est senti « orphelin » au milieu des autres pèlerins, une foule d'Indiens, de Chinois, de gens de différentes couleurs, de différentes origines, qui se regardaient, se tenaient la main sans être dans le jugement... Grâce à son voyage, il a compris que la religion qu'il pratiquait n'était pas la bonne. Il a radicalement modifié sa conception de la foi et a même changé de mode de vie à la suite de cette expérience.

La mosquée est un lieu de culte et de foi, certes, mais c'est avant tout, selon moi, un lieu dirigé par l'Amour avec un grand A. Depuis le 7 janvier 2015 et les carnages qui nous ont littéralement éclaté au visage, la France tout entière et comme d'un seul bloc s'est élevée contre le terrorisme. Mais ne nous voilons pas la face, cela a malheureusement renforcé les inquiétudes d'une certaine partie de la société sur la compatibilité des populations musulmanes issues de l'immigration avec les valeurs et le modèle républicains. La barbarie de quelques poignées de jeunes marginaux radicalisés a renforcé la stigmatisation à l'égard de nous tous, musulmans français. Et c'est malheureusement ce que cherchent ces monstres prêts à se faire exploser au nom d'un Dieu dont ils ne comprennent pas un seul mot et qu'ils salissent, attentat après attentat.

Les médias veulent nous faire croire à la prolifération de la radicalisation dans nos quartiers et nos banlieues, mais plus que jamais, il est nécessaire de s'élever tous d'une seule voix contre la montée du racisme et de l'islamophobie et de favoriser, au contraire, l'unité et la cohésion. Ces quelques imbéciles qui cherchent à nous terroriser ne connaissent rien à la religion et n'ont pour la plupart jamais mis les pieds dans une mosquée. Ils assistent à des prêches odieux, en catimini, dans des caves ou des lieux illicites, et donnent une mauvaise image de l'islam. Malheureusement, beaucoup de mosquées doivent fermer, faute de moyens et de soutien. Les baux ne sont pas renouvelés et les croyants perdent peu à peu leurs lieux de prière. Les villes n'en veulent plus, les pouvoirs publics, les maires freinent des quatre fers quand il s'agit de les entretenir ou d'en construire de nouvelles… Quand il est question de se faire élire par la population, ils viennent, ils écoutent les demandes, mais quand il s'agit de passer à l'acte, très peu d'entre eux tiennent parole. À Arles, la mosquée ne contient pas tout le monde et les fidèles ne peuvent pas tous entrer ; on a demandé au maire de se porter acquéreur du terrain d'à côté…

Aujourd'hui, on doit se battre en permanence pour pratiquer dans la dignité et même pour être reconnus en tant que Français. C'est la vérité, celle que je vis tous les jours. J'ai la chance de faire de la télé, d'être vu et entendu par des millions de Français, pourtant ce n'est pas moi qu'on invite pour parler de notre cas sur les plateaux… Je ne serais pas crédible si je venais parler de religion. On s'interrogerait sur la légitimité d'un gars de la télé-réalité. Le problème, c'est que nous savons très bien nous défendre tout seuls, mais que nos voix ne sont pas entendues. J'aurais tant à dire sur les Français d'origine algérienne, pourtant.

J'aimerais que la télé laisse une plus grande place aux sujets liés à l'éducation, d'ailleurs. On a vu que c'était possible pendant les longues semaines de confinement qu'a traversées le pays pendant la crise de la Covid-19 ; tout à coup, des programmes ludiques ont fleuri sur les chaînes : on est donc capable de proposer une télé intelligente ! Si je fais entendre ma voix aujourd'hui par le biais de ce livre, c'est aussi pour ça. Les questions de fond pour la France de demain, c'est l'éducation, la culture, de quelle façon on veut se construire et éduquer nos enfants. Avec ma double culture, je veux aider à faire grandir chacun dans sa propre histoire pour avancer. La vie, ce n'est pas rouler en Porsche et gagner beaucoup d'argent en montrant ses fesses à la télé ! C'est malheureusement ce que pensent beaucoup de gens de ma génération, nés de parents immigrés, qui ne connaissent même pas leurs grands-parents et ne se sont jamais intéressés à leurs racines. Ils ne vont en Algérie que pour jouer aux rois du pétrole…

Nous sommes six millions de Français de confession musulmane ; la grande majorité respecte les lois de la République. Pourtant, on ne nous laisse pas de place, que ce soit pour trouver un logement ou un métier… La France n'a pas grandi, elle n'apprend pas de son histoire. Il faut savoir s'ouvrir aux cultures, laisser la diversité s'exprimer ; chacun doit pouvoir participer à la vie du pays, à son essor. On veut nous faire taire, nous laisser dans un coin. Moi je rêve d'un autre avenir et de perspectives plus brillantes pour mes enfants… Ma femme et moi tâchons d'y œuvrer au quotidien, sur les réseaux sociaux et dès qu'on a l'opportunité de prendre la parole. C'est une lutte qui nous tient à cœur.

14.

J'ai rencontré Inès sur le tournage de « Moundir, l'aventurier de l'amour », en 2010. J'avais déjà à mon actif deux éditions de « Koh-Lanta » (la saison 3 et « Le Retour des héros », l'année précédente) et on m'avait confié ce rôle dans un jeu basé sur la séduction. C'était la première émission de télé-réalité sur une chaîne de la TNT qui venait de démarrer et l'audience était plutôt bonne.

Inès avait tout juste vingt-quatre ans à l'époque, moi douze de plus. Elle participait à l'émission par goût de la découverte, mais elle s'est sentie très vite en décalage et mal à l'aise avec les autres jeunes femmes. Elle ne faisait pas partie du monde de ces candidates qui avaient déjà participé à des émissions de télé-réalité et qui étaient prêtes à tout pour être remarquées. Elle n'avait rien à faire dans ce type de programme et se renfermait chaque jour un peu plus. Elle ne se sentait pas à sa place. Après seulement une semaine de tournage, Inès a préféré quitter l'aventure.

Mais son sourire, sa sincérité et son intelligence m'avaient touché en plein cœur. J'étais tombé fou amoureux d'elle…

Je savais qu'elle rentrait chez elle où l'attendait un fiancé. Je l'ai laissée partir et décider seule de la suite qu'elle voulait donner à notre rencontre. Elle avait bien vu dans mon regard qu'elle m'avait séduit.

Quand l'émission s'est achevée, je suis revenu à Paris, et c'est elle qui a repris contact avec moi. Jamais je n'aurais osé l'appeler. Neuf mois après notre première rencontre, nous étions en couple ; un an plus tard, nous étions mariés.

Inès est la première à avoir passé le pas de ma porte. Jamais je n'avais amené de femme à la maison, comme le font pourtant la majorité des jeunes en France. Tout le monde présente ses petites copines à ses parents. Pas moi. Mais pour Inès, il était impensable de ne pas avoir la bénédiction de ma mère ! Je savais qu'elle était la femme de ma vie. Quand je lui ai montré pour la première fois une photo d'Inès – je me souviens que la seule photo que j'avais d'elle se trouvait dans le dossier de presse de la production ! –, elle a approuvé d'un petit signe de la tête, comme si elle avait perçu quelque chose dans son visage. Et puis, quand elle l'a enfin rencontrée, elle m'a dit : « Si tu es heureux avec elle, que Dieu te porte. » C'était sa façon de me donner sa bénédiction.

Très vite, ma mère a apprécié Inès. Sa douceur, sa gentillesse et sa sincérité l'ont touchée. Mais après quelques allers-retours entre Paris et les

Saintes-Maries-de-la-Mer, où Inès habitait avec sa famille, ma mère m'a très vite fait comprendre qu'il était temps d'officialiser notre relation : j'avais déjà trente-sept ans, il n'était plus question de vivre ainsi – les trois ou quatre fois où Inès était venue passer quelques jours chez nous, elle dormait dans ma chambre et moi sur le canapé, pas question de partager le même lit sous le toit de mes parents tant que nous n'étions pas mariés ! –, je devais agir comme un homme, je n'étais plus un adolescent ; nous devions nous unir dans les meilleurs délais.

Peu de temps après, alors que je tournais dans une émission de poker au Maroc, « La Maison du bluff », j'ai réussi à contourner les règles du jeu pour me procurer un téléphone… et j'ai demandé Inès en mariage ! Elle me manquait tellement.

Avant de nous marier, nous avions beaucoup discuté de nos aspirations, nos modes de vie, notre éducation et nos familles respectives. Nous avions grandi dans des univers différents et nous avions besoin de faire coïncider notre avenir. Mais finalement, nous attendions à peu près la même chose l'un de l'autre : protection, respect et amour. Même si nos éducations respectives n'avaient pas grand-chose à voir, nous avions beaucoup de choses en commun.

En me choisissant, c'est aussi une famille entière qu'Inès a adoptée. Quand elle a fait la connaissance de mes frères et qu'elle a découvert le lien qui nous unissait, elle a pris la mesure de la richesse que peut apporter une famille soudée et aimante. Pour elle, qui avait grandi dans un cadre plus décomposé que recomposé, les valeurs du cœur et le lien fraternel ne primaient pas nécessairement le reste. Avec sa demi-sœur, d'une décennie sa cadette, les crêpages de chignon et les règlements de comptes étaient malheureusement plus habituels que le respect, la tendresse et le sens de la sororité. Même une fois adulte, elle a mis un temps infini à apprendre à se protéger de ce type de relations et à ne plus en souffrir. Pour moi qui ai eu la chance de grandir au sein d'une fratrie plus unie que les cinq doigts de la main (sans doute parce que nous sommes six !), le désamour familial est une déchirure qui marque d'une empreinte indélébile et qui ne peut apporter que chagrin et échecs. Et Inès et moi mettons aujourd'hui un point d'honneur à offrir à chacun de nos enfants autant de reconnaissance qu'il mérite et à faire grandir en chacun l'amour de son prochain. À commencer par ses frères et sœurs.

En s'intégrant dans ma famille, en apprenant à mieux connaître mes frères et ma mère, en nous voyant vivre et discuter, Inès a aimé cette grande fraternité qui régnait à la maison. Et, peut-être parce qu'elle a associé cet élan fraternel à notre religion, à ma grande surprise, elle a souhaité très rapidement se convertir à l'islam ; pour avancer main dans la main, à mes côtés, cette démarche lui semblait essentielle. C'était aux antipodes de ce qu'elle avait vécu chez elle, dans ce petit village où tout le monde s'épie, se juge et préfère se replier sur lui-même plutôt que de découvrir ce que les autres ont à lui enseigner. Et pour elle, cela passait par la religion.

Je me souviens très bien du jour où Inès m'a annoncé sa décision de se convertir. Nous vivions tous les deux chez ma mère depuis cinq ans, dans le vingtième, parce que je ne gagnais pas suffisamment ma vie pour nous offrir un toit. On dormait sur un clic-clac défoncé et rafistolé de partout dans ma petite chambre d'ado… Un soir, allongée sur ce lit de fortune, Inès m'a dit : « Je vais me convertir, je me sens prête. »

Je craignais que cette décision ne choque sa famille et que tous imaginent que ce choix venait de moi : lorsque j'avais fait leur connaissance, ma religion les avait un peu inquiétés. En ces temps où les amalgames vont particulièrement bon train, pour eux, derrière un Français de confession musulmane pouvait fort bien se cacher un intégriste… Pourtant, si Inès a choisi de se convertir, c'est par amour pour moi et pour la connaissance, le savoir : elle s'est rapidement passionnée pour l'islam, elle a voulu tout comprendre. J'ai insisté sur la nécessité de vivre sa foi dans la discrétion et sans jamais l'imposer à quiconque. Elle était croyante, et pour moi c'était l'essentiel. Quel que soit le dieu qu'elle priait, qu'il soit juif, catholique ou musulman, je savais que nous partagions tous deux une foi profonde et un amour infini pour l'homme. Ça ne m'aurait pas posé de problème qu'elle ne fasse pas ce choix. C'était ce qu'on m'avait appris enfant. Mais tout ce qu'elle entreprend, Inès le fait avec une détermination et une persévérance hors du commun ; je savais qu'elle se dépasserait dans cette conversion. Je ne me doutais pas qu'elle irait jusqu'à faire le ramadan…

Lorsque le mois du ramadan est arrivé, elle avait déjà beaucoup avancé dans ses réflexions et s'était documentée de façon quasi compulsive sur le sujet. Pour nous, musulmans, le jeûne est une épreuve exceptionnelle. Je ne voulais pas qu'elle se plie à ce rite comme elle aurait participé à un défi. Elle ne semblait pas mesurer l'enjeu d'une telle décision. C'est beaucoup de patience et de détermination, tu dois te montrer fort et irréprochable, ton âme doit être encore plus joyeuse que quand tu as le ventre plein… Difficile d'enchaîner un mois complet de jeûne du premier coup ! D'autant plus que cette année-là, en 2014, le ramadan tombait au début de l'été, en juin-juillet, la période la plus dure.

Quand j'ai fait mon premier jeûne de ramadan, j'avais sept ans. Je m'en souviens comme d'une grande fierté : j'allais enfin pouvoir faire comme les grands ! C'est le plus beau trophée de ma vie, ma première fierté d'homme. Mon père ne nous faisait pas beaucoup de compliments, quand nous étions petits. C'était un taiseux. Les rares mots qu'il prononçait avaient un impact fort sur les petites personnes que nous étions. Quand il nous félicitait, d'un sourire, d'un regard ou d'une petite tape dans le dos, ça avait une valeur particulière. T'avais envie de repeindre la tour Eiffel tellement ça te rendait heureux ! C'était la consécration, la médaille d'or... mieux que les Jeux olympiques ! Ce premier ramadan m'a enchanté parce que je distinguais jour après jour la fierté dans les yeux de mon père, cette fierté qui me rend encore si fort aujourd'hui.

C'est notre mère, avec douceur et persévérance, qui nous a appris à jeûner heure par heure en nous répétant patiemment : « Si ça ne va pas, si ça vous met de mauvaise humeur ou que vous ne vous sentez pas bien, mangez. Ce jeûne, vous devez le faire par amour sinon, ne le faites pas. Je veux des enfants courageux mais qui font ça avec le cœur, pas par obligation. »

Alors, pendant une heure d'abord, puis une heure et demie, trois heures, on a appris à se priver de boire et de manger. Jusqu'à tenir une journée complète. Notre corps s'est habitué comme ça, petit à petit. J'ai le souvenir d'avoir adoré ça.

Nos parents ont voulu qu'on grandisse avant tout dans la paix et en unité avec notre pays, mais en accord avec nos origines. Jamais dans la lutte ou la revendication stérile. Aujourd'hui le ramadan fait partie de ma vie. Où que je sois, quoi que je fasse, je respecte consciencieusement le mois de jeûne. C'est une pratique spirituelle très forte sur le plan de l'intimité religieuse et du retour sur soi. C'est le mois où l'exemplarité prend toute sa force, une coutume qui te rappelle à ta petitesse face à l'univers.

C'est cette même fierté qui a décidé Inès à faire le ramadan à mes côtés. Mon père aurait tellement aimé Inès. Je regrette amèrement qu'il ne l'ait pas connue.

Comme ma mère le faisait avec nous lorsque nous étions enfants, à mon tour j'ai guidé Inès dans sa pratique du jeûne. Pas à pas et en douceur. Certains Français de confession musulmane que je connais, quand ils rompent le jeûne de façon inopinée, se disent que c'est foutu pour la journée, que ça ne sert plus à rien de reprendre, et ils se goinfrent jusqu'au soir. Mais pourquoi ? S'il s'agit d'une erreur, d'un oubli, ce n'est pas grave ! Tu bois, et ensuite tu reprends ton jeûne. J'ai recommandé à Inès de faire la même chose, pour tenir le coup sur le long terme sans se mettre en danger. *Idem* pour les sautes d'humeur et les petits coups de mou : « Si tu te sens fatiguée ou aigrie, si tu ne te sens pas bien, n'embête pas les gens et mange ! » Mais elle a la tête dure et a tout simplement refusé de suivre mes conseils.

Je me souviens d'une fois où nous étions tous les deux partis faire les courses dans l'après-midi. Inès jeûnait depuis déjà quatre ou cinq jours et elle tenait le coup. En rentrant à la maison, comme elle avait été prise de maux de tête, je lui avais proposé de boire : notre corps est constitué à 95 % d'eau, quand il en est brutalement privé, il se dérègle. Le mien est habitué depuis le temps, il en garde le souvenir imprimé dans ses cellules : même par 45 °C dans « Koh-Lanta », je pouvais faire du sport sans m'alimenter de la journée.

Je lui avais proposé de boire, pour ne pas se mettre en danger. Mais elle n'avait rien voulu savoir ! On était alors entrés dans des discussions sans fin. J'avais beau lui dire qu'à aucun moment Lui, là-haut, n'avait demandé de se mettre en danger, elle ne voulait rien savoir. Jeûner pour être comme ça, ce n'est pourtant pas la peine. Mieux vaut ne pas jeûner… Les malades, les personnes fragiles, les femmes enceintes ou qui allaitent ne doivent pas jeûner : ce n'est pas une punition, juste un peu de bon sens. Si ton corps t'alerte, s'il ne tient plus à 17 heures ou à 19 heures, il faut savoir l'écouter. C'est déjà admirable d'avoir tenu jusque-là.

Le ramadan, ce n'est pas le jeûne pour le jeûne, c'est une démarche qui va bien au-delà : ce qui prime, c'est de se montrer meilleur que jamais, travailler plus dur encore. Et conserver le même sourire et la même attention à l'autre que lorsqu'on a le ventre plein. Le ramadan ne doit pas être à géométrie variable : il faut continuer à se lever le matin de bonne heure, pour respecter son rythme de vie. Il ne s'agit pas de dormir jusqu'à 15 heures et de décider de rompre le jeûne à 17 heures comme le font certains… La plupart des émigrés font le jeûne sans que ça empiète sur leur vie sociale et professionnelle. La prière, c'est à la maison, dans l'intimité, et quand on peut, pour ne pas choquer ou entraîner des discussions inutiles. Certains aiment bien être démonstratifs. À Dubaï, on peut prier partout, même dans les centres commerciaux où se trouvent des salles de prière au beau milieu des gens en short ! Mais en France, ça ne s'y prête pas, et nous devons le respecter.

Je me souviens d'avoir tant insisté pour qu'elle boive, en lui disant que chaque jour elle tiendrait un peu plus que la veille, qu'Inès avait fini par accepter. Mais qu'est-ce qu'elle avait pleuré ! C'était pour elle une défaite. « Je n'ai pas réussi », répétait-elle en boucle entre deux sanglots. Mais on n'était pas dans un championnat ! Ce qu'elle avait fait était un acte de bravoure, un acte d'amour. Elle voulait briller à mes yeux, mais ce n'était pas à moi qu'elle devait faire plaisir. Faire le ramadan ainsi n'avait aucun sens. Elle devait le faire pour elle-même. Moi je ne le fais pas pour elle, je ne le fais pas pour ma mère. Je le fais pour moi ! C'est le meilleur moyen d'être humble dans sa foi. On doit le faire pour soi et uniquement pour soi. L'humilité, encore une fois, comme dans le travail : ceux qui patientent et endurent sont toujours récompensés. Parce que ce sont des gens modestes, qui subissent. Et un jour, finalement, la porte s'ouvre et ils peuvent avancer, tout en gardant cette soumission, en la faisant grandir plutôt qu'en l'oubliant. Par le travail encore plus fort. Comme mon père l'a fait toute sa vie.

— Si ces larmes te font du bien, alors tu as réussi. Tu as fait un pas immense. Plus rien ne pourra t'arriver, tu as montré une puissance extrême.

Inès a finalement tenu tout le long de son premier mois de jeûne ! Quel courage, quelle détermination. J'en profite d'ailleurs pour louer toutes ces femmes, nos mères, nos sœurs, nos cousines, qui vont à l'école ou au travail, puis rentrent chez elles, cuisinent, prennent soin de leur maison, s'occupent de leurs enfants et de leur famille, tout en jeûnant… Pas un seul homme n'aurait assez de force pour cumuler tout ça avec dignité. C'est ça, la vraie force des femmes. Je me souviens que nous étions admiratifs de notre mère, enfants, quand venait le mois du ramadan. Il faut bien admettre que ce sont les femmes qui tiennent tout. Chez moi, les garçons mettent le couvert, font les courses et le marché, achètent le pain, mais jamais ils ne sont dans la cuisine – d'ailleurs ma mère hurlait dès qu'un de ses enfants y entrait, c'était son territoire. Les habitudes changent un peu avec les émissions culinaires qui cartonnent à la télé, et certains hommes commencent à se prendre de passion pour la cuisine, mais en Algérie, c'est encore tout simplement impensable, les mentalités n'ont pas évolué.

Depuis cette première expérience, Inès fait le ramadan tous les ans à mes côtés. Sauf quand elle est enceinte ou qu'elle allaite, si elle est malade ou indisposée. Alors, chaque jour qu'elle « manque », elle le récupère l'hiver suivant, selon la tradition. Sinon, on donne *sadaka*, une sorte d'impôt : cinq euros par jour de non-jeûne. Ces petites sommes sont là pour faire le bien autour de soi, distribuer et partager. À l'époque du Prophète, c'était de l'or qu'on donnait, « le poids d'un cheveu d'or ». Une façon pour nous de soutenir les plus démunis. D'ailleurs, quand on célèbre l'aïd, la fin du jeûne, une fête qui n'a rien à envier aux plus grands mariages, ce n'est pas pour nous que nous déployons des trésors de réjouissances et des quantités de nourriture, mais pour tous ceux qui n'ont pas la chance, comme nous, de ne manquer de rien.

Il ne s'agit pas seulement d'acheter un mouton et de le faire cuire à la broche pour le déguster en famille et entre amis. La finalité de cette fête, c'est de la partager avec ceux qui se trouvent dans le besoin.

Inès m'a dit qu'un jour elle aimerait porter le hidjab. J'ai halluciné. Je ne suis pas sûr que ce soit une bonne idée… La France n'est pas un pays bienveillant à l'égard d'un tel choix. Encore moins notre petit village du Sud. Quant à sa famille, il est fort probable qu'elle mette du temps à adhérer pleinement à cette idée. Si elle décide de porter le hidjab, je la soutiendrai, bien sûr, mais je ne suis pas certain qu'elle soit en mesure de surmonter les critiques qu'elle risque d'entendre et les regards qui lui seront jetés à la dérobée.

Il est évident que faire ce choix ne devrait pas poser de problème, et je pense que le féminisme, c'est de laisser le choix à une femme de porter ou non le foulard, comme elle peut porter une minijupe, décider de se raser la tête ou se promener avec un rat sur l'épaule. C'est son choix et elle devrait pouvoir l'assumer dans le respect et la bienveillance. Ce qui me dérange, c'est ce que les gens pensent de cette démarche. Ce qu'ils jugent. Ma mère est une femme pieuse. Elle est partie deux fois à La Mecque, et a choisi de porter le foulard dans les années 1980 et de rester à la maison pour s'occuper de ses enfants. Certaines femmes consacrent leur vie à leur carrière, d'autres aiment faire du shopping, ma mère, elle, s'est sacrifiée pour sa famille. Son chemin, c'était notre éducation. C'était un peu sa façon de montrer son engagement dans sa croyance à ses enfants et à son entourage. Son hidjab sur la tête, elle a continué à vivre la même vie, à sortir et à s'occuper de la maison ; elle a même passé son permis de conduire. Mais à l'époque, le jugement et le regard des autres n'étaient pas les mêmes qu'aujourd'hui. Le hidjab n'avait pas la même « réputation ». Pourtant, ce n'est pas la burqa, le hidjab ! D'ailleurs, la burqa est un accoutrement païen : cette grille qu'ont mise les Afghanes n'a rien à voir avec la foi. Le Prophète disait que c'est aux hommes d'avoir un voile sur leurs yeux, pas aux femmes de le porter. C'est un truc d'intégristes attardés qui n'ont pas eu d'instruction. Plusieurs de mes cousines, d'ailleurs, à leur arrivée en France, ont immédiatement choisi de divorcer et de tomber leur foulard, se libérant ainsi de ce qui s'apparentait, pour elles, à un joug. Quoi qu'il en soit, il ne me semble pas opportun de juger de tels choix ; pour certaines, porter le hidjab est une fierté, pour d'autres c'est de ne pas le porter qui est une fierté. Accepter l'autre dans sa différence, c'est ce qui devrait être la base même de l'éducation.

Je dis souvent à ma femme que si nous élevons nos enfants dans l'amour et le respect, si nous les encourageons à être responsables et raisonnables, honnêtes et droits, nous leur donnerons envie de nous rendre fiers. L'enfant ressent nécessairement cette liberté et c'est ce qui l'aide à bien grandir et à devenir fort. Pour cela, il faut montrer l'exemple, être un modèle sur lequel l'enfant puisse s'appuyer pour se construire. Avec ma fille, je suis exigeant et parfois un peu dur. Je ne lui laisse rien passer. Ce n'est pas toujours le modèle actuel, qui prône parfois un peu trop de laxisme, je trouve. La fessée n'a pas très bonne presse et l'enfant-roi est souvent de mise. Mais il me semble qu'une éducation ferme – mais juste – est la clé de la réussite. Bien sûr, mes enfants sont encore petits, et je sais combien l'adolescence est un tournant compliqué. Ma fille ne manque de rien, elle a tout ce qu'elle veut, mais je suis quasi maniaque sur certaines règles : j'exige qu'elle dise : « Bonjour monsieur » ou « Bonjour madame » dès qu'elle entre quelque part, qu'elle se lave les mains en arrivant à la maison, que sa chambre soit rangée… L'enfant ne doit pas être le roi, il doit connaître sa place et la respecter. Travailler, se montrer bon et courageux, souriant et bienveillant. Je veux protéger mes enfants pour qu'ils sachent prendre les bonnes décisions, plus tard, qu'ils aient les armes pour devenir de bons adultes. Et je sais, pour l'avoir vécu, que ça commence tout petit, cet apprentissage.

15.

Inès, ma femme... mon amour, ma vie. Sans elle, jamais je ne serais devenu l'homme que je suis. Il est temps de vous raconter une histoire qui lui rend hommage, car elle seule a cru en moi au moment où la terre s'est écroulée (une nouvelle fois...) sous mes pieds.

En 2011, mon émission « Moundir, l'aventurier de l'amour » connaissait un grand succès et j'avais pu mettre, pour la toute première fois de ma vie, des sous de côté. Pour un projet, une idée qui me trottait dans la tête, et dans laquelle j'avais décidé de me jeter à corps perdu : créer ma propre gamme de vêtements de sport. Pendant des mois, j'avais travaillé d'arrache-pied sur cette marque bio à base de fibre de lait, de fibre de café et de bambou. J'avais réussi à trouver des matériaux responsables et de grande qualité : avec un temps d'avance sur le marché de l'habillement, j'étais sûr de faire un carton. Quand je vois aujourd'hui le degré d'engouement général pour le sport, le *wellness*, le yoga… j'étais vraiment précurseur.

J'avais mis dans ce projet mes économies (90 000 euros, quand même), tout mon cœur, toute mon âme, et parcouru le monde pour trouver les tissus. Je m'étais même associé avec un bureau de tendances qui avait mis au point une collection au top. J'avais fait appel aux meilleurs et mon dossier était béton.

Mais il me fallait des investisseurs pour passer à l'étape supérieure : commercialiser tout ça en grande quantité. Par l'intermédiaire d'un ami, j'avais fait la connaissance d'une personne – nous l'appellerons O. – qui avait de très bons contacts avec de grands noms du football. Quand je lui avais présenté mon projet, il avait été immédiatement conquis et m'avait promis de me trouver tout ce qu'il fallait pour mener à bien la commercialisation. En échange, il souhaitait qu'on s'associe, et comme il apporterait beaucoup de liquidités grâce à ses « relations », ce serait lui le gérant de la boîte, moi le cogérant. Pas de problème, je voulais juste que ma marque voie le jour et aller jusqu'au bout de mon objectif. Plein d'espoir – et de naïveté –, je l'avais suivi les yeux fermés. Pourquoi ne pas lui faire confiance ? Il avait l'air tellement emballé, lui aussi !

Ses amis footballeurs, séduits eux aussi par le concept et la qualité de nos produits, avaient rapidement accepté de me financer. J'étais aux anges : j'allais voir naître ma marque, mon idée.

Mais la suite ne s'est pas vraiment passée comme je l'espérais…

Très vite, sans doute à l'image de beaucoup d'escrocs, de gens malhonnêtes, cet homme s'est approprié mon travail et m'a fait passer pour ce que je ne suis pas ; il a changé toute la genèse de la marque, me décrédibilisant auprès de nos investisseurs, racontant à qui voulait bien l'entendre que « Moundir de la téléréalité » avait une très mauvaise image et qu'il fallait me mettre de côté si on voulait que la marque remporte un quelconque succès… Il n'écoutait aucune de mes propositions, dépensait sans compter et ne tenait compte d'aucun conseil. Ça partait dans tous les sens.

Je n'ai pas compris tout de suite ce qui était en train de se passer. Il avait du bagou et connaissait très bien le dossier que je lui avais fourni. Mais l'argent lui était monté à la tête et il n'avait surtout aucune conscience professionnelle, aucun respect des autres. Un homme sans foi ni loi. Quand je l'ai compris, il était déjà trop tard. En quelques mois, il avait vidé la totalité des comptes, ruiné mes espoirs de voir ma marque cartonner et surtout dépensé tout l'argent qu'il me restait. J'étais dans une situation financière dramatique : depuis deux ans, je n'avais pas touché un sou. Toutes mes économies avaient été englouties dans ce projet et je ne touchais aucun salaire, aucune aide de l'État. Avec Inès, nous habitions alors chez ma mère : sans revenus, sans travail, impossible de payer un loyer et de subvenir à nos besoins.

Malgré une comptabilité catastrophique et les erreurs à répétition de O., la marque a pourtant vu le jour. Au moment du lancement – en grande pompe –, à Séville, lieu de résidence de l'un de nos footballeurs, alors qu'Inès et moi avions fait le déplacement et que nous espérions encore sauver les meubles, j'ai pris une grande claque dans la figure et la mesure du drame qui se jouait. La collection était lamentable, rien ne ressemblait à ce que nous avions dessiné ni programmé, et l'assemblée invitée pour l'occasion était uniquement composée de pique-assiettes et de curieux : pas un de ces convives ne prêtait attention à ce qu'il voyait, personne n'allait dépenser un centime dans cette nouvelle gamme de vêtements de sport… Tout était foutu.

J'étais anéanti. Atterré. Et tellement inquiet. La nuit qui a suivi la présentation, un zona a envahi mon corps : réaction consécutive à un gros stress, m'a annoncé le médecin ensuite. Tu m'étonnes. Avec cette collection fichue, c'étaient des mois de travail et des années d'économies qui partaient en fumée. Depuis deux ans, cet homme me baladait et dilapidait notre argent en toute impunité sans que j'y puisse quoi que ce soit. Et comme je n'étais que cogérant, impossible pour moi de l'arrêter. La seule solution possible : me retirer et lui laisser tout – enfin, rien plutôt. C'est ce que j'ai fait. Tant pis. Mais le cauchemar n'allait pas s'arrêter là : O. a disparu de la circulation et j'ai dû éponger ses dettes. Les dettes de la société dont j'avais été cogérant…

C'est à ce moment de l'histoire qu'Inès m'a sauvé la mise. Je ne la remercierai jamais assez de m'avoir aidé à revenir à la lumière. Chaque jour ou presque, je recevais des relances pour des factures impayées, des courriers du fisc ou de l'Urssaf. Quand ce n'étaient pas des huissiers qui frappaient à la porte… J'avais beaucoup grossi, je me laissais aller, je ne dormais plus, je broyais du noir toute la journée et ne voyais qu'une issue possible : régler son compte à cet escroc qui avait voulu la gloire et l'argent et m'avait fait sombrer. Lui faire la peau.

Cette nuit-là, je me suis réveillé en nage, après un énième cauchemar, et j'ai dit à Inès de me quitter, de rentrer chez ses parents : je n'étais pas en mesure de l'assumer, je devais lui rendre sa liberté. Elle m'a rétorqué que je racontais n'importe quoi, qu'elle m'aimait pour ce que j'étais, pas pour ce que j'avais. Moi, j'avais franchi une étape. Au petit matin, j'ai quitté l'appartement avec une seule idée en tête : coller deux balles dans la tête de cet homme. J'étais déterminé. Il m'avait poussé à bout, ma vie n'avait plus aucun sens. Mes convictions, mon éducation, mes principes : plus rien ne comptait. J'étais comme anesthésié. Je n'ai rien dit à Inès mais je lui ai envoyé un SMS : « Je t'aime terriblement. J'espère qu'on se reverra. »

Alors que j'étais en route, elle m'a appelé :

— Qu'est-ce que tu fais ? Reviens immédiatement, sans toi je ne suis rien, m'a-t-elle dit.

Et puis, elle n'a plus arrêté de me parler. Elle est devenue la voix qui me raccrochait à la vie. Elle me calmait, me parlait doucement pour me faire revenir à la raison. Plus elle me parlait, plus ses mots faisaient leur chemin dans ma tête. Je pensais à ma mère, à mon père, à ce qu'ils m'avaient appris, aux valeurs avec lesquelles j'avais grandi. Progressivement, j'ai pris la mesure de l'immense erreur que j'étais à deux doigts de commettre. Alors, j'ai fait marche arrière. Au sens propre comme au sens figuré. Elle m'avait convaincu, je suis rentré.

De retour à la maison, j'ai parlé pendant des heures avec ma femme, avec ma mère. Les deux femmes de ma vie. J'ai pris conscience que je ne pouvais pas me comporter ainsi, même face à cet individu qui nous avait mis dans une grande précarité. Elles m'ont remis les idées en place, m'ont dit qu'on allait s'en sortir et trouver cet argent, se faire aider. Je ne pouvais pas réagir comme ça. Comment remettre en cause tout ce qu'on m'avait appris, mon éducation ? Même quand on te fait du mal, tu dois rester digne, droit dans tes bottes. Même si on te vole tout, tu dois rester droit.

Ce geste aurait pu faire basculer mon existence, j'en aurais pris pour vingt-cinq ans et j'aurais foutu en l'air ma vie et celle de mes proches. Celle de cet homme, aussi, et de ses enfants. Comment j'aurais pu faire une chose pareille ? J'ai compris qu'on ne pouvait pas lâcher l'affaire comme ça : je ne pouvais décemment pas me comporter comme un criminel après que mon père avait trimé toute sa vie pour ses enfants. Lui ne s'était jamais plaint, n'avait jamais baissé les bras. Je devais me montrer à la hauteur et honorer sa mémoire. Pas salir toute notre famille.

Je m'en suis voulu terriblement d'avoir eu une telle idée. C'est ma femme qui m'a sauvé, qui m'a empêché de tout foutre en l'air. Et finalement, la vie m'a montré que je ne m'étais pas trompé. Que j'avais eu raison de retrouver le chemin tracé par mon père. Au moment même où je m'étais décidé à demander de l'aide au service contentieux des impôts pour tenter d'obtenir un crédit pour le règlement de mes dettes, je reçus un coup de téléphone salvateur : Franck Firmin-Guion, alors président d'ALP (Adventure Line Productions), la société de production de « Koh-Lanta », voulait me voir pour me soumettre un nouveau projet. Mon aventure précédente datait de 2009. On était en 2014, j'étais dépressif, à la limite de l'obésité (je pesais plus de 120 kilos) : j'étais loin d'avoir la forme nécessaire à une nouvelle aventure. Pourtant il m'a donné ma chance :

— Tu perds 20 kilos, tu t'entraînes comme un dingue, moi je m'occupe de régler tes dettes, m'annonça-t-il.

Soulagement.

Cette histoire aurait pu se terminer de façon tragique. C'est tout l'inverse qui s'est annoncé. Quelle que soit la difficulté de la vie, il faut être un exemple. Dieu récompense ceux qui endurent et qui patientent. Sans doute était-ce mon chemin de tomber entre les griffes de ce malfrat pour découvrir celui de la bienveillance et de l'honnêteté. Il fallait que j'en passe par là pour prendre pleinement conscience de la chance que j'avais d'avoir grandi dans la dignité, le respect et le travail. Ce n'est que justice. Finalement, tout s'est éclairé pour moi grâce à Inès, et à cette force et cette détermination que m'a transmises mon père. Pour la vie.

16.

Lorsque j'ai fait mes premiers pas dans l'univers de la télé-réalité, avant qu'une vague entraîne avec elle tout et n'importe quoi dans le sillage de la nouveauté et de l'argent facile, je me suis posé beaucoup de questions sur la pérennité de cette aventure et de la télévision en général. Ma chance, c'est d'avoir toujours continué à travailler en parallèle, contrairement aux autres candidats qui ne font généralement plus que ça, au risque de tomber de haut quand tout s'arrête parce qu'ils sont remplacés par du « sang neuf ».

Rapidement, quand mes conditions de travail se sont dégradées et que j'ai pris conscience du danger de cet univers éphémère, je me suis dit qu'il fallait que je me sauve de là. J'avais compris que rester candidat ne me mènerait à rien ; j'étais en train de creuser un puits sans fond dont il serait extrêmement délicat de sortir indemne. Je ne voulais pas faire partie d'une tendance, d'une mode qui passe et finit par disparaître dans un souffle quand plus personne ne s'intéresse à toi parce que tu es devenu *has been* et qu'un autre, plus jeune ou plus frais, a pris ta place. Pour durer, il faut savoir dire non, même si c'est difficile et que cela nécessite une prise de risque. C'est en disant non que j'ai tracé ma route, pas à pas, et le respect qu'on me manifeste chaque jour me porte et me prouve que j'ai bien fait de faire ce choix de la difficulté.

Il est vrai que je n'ai pas choisi le milieu le plus simple pour un Maghrébin : la télé-réalité, c'est pire encore que la « vraie vie » où tu dois déjà attendre bien plus longtemps que les Jérôme Lacoste ou les Jean-Paul Jambon avant d'être reconnu quand tu t'appelles Moundir Zoughari…

J'aurais pu croire à l'eldorado. Pourtant, j'avais bien conscience qu'il y avait un truc qui clochait : quand j'avais participé à mon premier « Koh-Lanta », en 2003, j'avais beau voir ma tête partout, sur le papier glacé des magazines ou dans les couloirs du métro, l'argent ne rentrait pas. Et chaque fois qu'on me sollicitait pour participer à une émission, une soirée ou un rendez-vous quelque part, on me demandait de le faire gratuitement. « C'est bien pour toi, me disait-on, c'est bon pour ton image… » Étonnamment, ça ne dérangeait personne de me faire travailler gratuitement. J'avoue que je n'ai jamais compris ce système. Je ne le trouvais pas juste. J'avais même fini par me demander si je n'avais pas été choisi pour mes origines algériennes, justement. À l'époque, les Arabes ne se bousculaient pas à la télé. Avant moi, il y avait eu Aziz, dans le fameux « Loft Story », et juste après moi, Kamel, dans « Koh-Lanta » aux îles Fidji. Avions-nous été des faire-valoir de la diversité ?

Ma vie a beaucoup changé avec « Koh-Lanta », c'est vrai. D'un seul coup, beaucoup de portes se sont ouvertes sur mon passage. Mais pas les bonnes, pas celles qui font évoluer socialement et professionnellement... On m'offrait des cadeaux, on m'invitait en boîte de nuit où m'attendaient des bouteilles à gogo et des filles toutes plus belles les unes que les autres prêtes à se jeter sur moi. Mais tout cela n'est que de la poudre aux yeux. Loin de la vie, la vraie. J'étais le roi du pétrole, mais un pétrole qui ne valait rien. Ce monde-là n'a aucune valeur, aucune règle et surtout aucune parole. Du jour au lendemain, tu tombes dans l'oubli, parce que le système a trouvé plus *bankable*, plus drôle ou plus beau que toi. On te fait croire que t'es important, mais tu ne l'es pas : si tu ne relèves pas tes manches et que tu ne prends pas en main ta carrière et la direction que tu veux donner à ta vie, tout ça n'est que du vent. Et c'est aussi rapide que le renouvellement des collections de prêt-à-porter : allez, hop ! on passe à autre chose. Au revoir et merci – quand on te dit merci.

Quand j'ai pris conscience de l'engrenage dans lequel j'avais mis les pieds, lorsqu'on m'a fait comprendre que si je restais un candidat lambda il ne m'arriverait rien de bon, j'ai été pris d'un désir de revanche et je me suis dit : OK, un jour, je serai animateur, vous verrez. Ça m'a pris onze ans. Mais j'y suis arrivé. Et pendant cette longue période, ce passage à vide émaillé de quelques brèves apparitions pour des cachets ridicules, j'ai disparu des écrans de télé. Je n'existais plus pour personne.

J'ai cependant gardé des liens forts avec certains candidats de « Koh-Lanta ». Un gars comme Tony, par exemple, avec qui j'ai fait la saison 3 ; il a quatre-vingts ans aujourd'hui. Cet ancien gendarme de l'état-major, homme-grenouille au grand cœur, est un homme exceptionnel et droit, au mental d'acier. Nous avons beaucoup de points communs et le même sens des responsabilités, du dépassement de soi et de la rigueur. Et il en fallait beaucoup, de la rigueur, pour faire « Koh-Lanta » au début des années 2000. Et c'est ce qui nous a permis de nouer des liens indéfectibles ; on se sent appartenir à la même famille.

La télé-réalité a eu un retentissement énorme quand elle est arrivée en France avec « Loft Story ». Mais très vite elle a connu, en ce qui concerne la qualité, une chute aussi rapide et vertigineuse que du bitcoin ! Ces programmes ne sont plus désormais que de la télé au rabais… qui continue pourtant à remporter des parts de marché importantes. Et derrière tout ça, il y a l'alcool, la drogue, les suicides. Un besoin de reconnaissance jamais assouvi qui a brisé des vies et généré des blessures narcissiques parfois cruelles : il est évident que passer à la télévision ne fait pas de vous une star, ça ne suffit pas. Mais certains continuent d'y croire et de se brûler les ailes. Quand ils rentrent chez eux après des semaines ou des mois de tournage, ils sont seuls. Retour à la case départ. De rares candidats tirent leur épingle du jeu et réussissent à se faire une place durable dans ce milieu hostile.

C'est pour ces raisons que j'ai fait le choix de ne pas être « seulement » un candidat. J'en ai beaucoup parlé avec ma mère et mes frères, à l'époque. Ils ont eu bien plus tôt que moi conscience que ça ne me mènerait nulle part : l'argent ne rentrait pas, je n'avais pas de feuilles de paye, aucune promesse de monter des échelons et de « travailler ». Je n'avais que des petits cachets sans lendemain. Sur le tournage de « Koh-Lanta », je touchais seulement 23 euros par jour et j'avais signé un contrat de confidentialité de 5 000 euros. C'était dérisoire. Et ça ne permettait pas de voir à long terme. À la maison, on ne cessait de me répéter qu'il me fallait un « vrai » travail pour être heureux. Même avec une petite paye. Et que ce milieu clinquant et éphémère ne m'offrirait rien de bon. Ils avaient raison…

J'ai cumulé les petits boulots, ramassé les déchets dans le métro, porté les barres du marché de Montreuil à 5 heures du matin – je me souviens que les gars parfois me reconnaissaient et s'étonnaient de voir un candidat de « Koh-Lanta » trimer sur le trottoir à leurs côtés. Bien sûr qu'il n'y a pas de sot métier, et élevé dans le sillage d'un père qui s'est tué à la tâche toute sa vie, je savais qu'il fallait bosser dur et se donner de la peine pour se faire une place dans la société, mais je trouvais le combat bien inégal : je rapportais des millions à une chaîne de télé, à une société de production. Et, dès que je faisais part de mon désir de devenir animateur, hop, les portes se fermaient.

J'avais l'impression de vivre à mon tour une autre sorte de colonisation : les candidats n'étaient pas pris au sérieux, on se servait de nous comme d'autant de pions. Et, quand il s'agissait de faire les comptes, le partage du gâteau était loin d'être équitable.

Pourtant, jamais je n'ai laissé tomber ce rêve que j'avais de devenir animateur. J'y croyais dur comme fer et j'étais prêt à tout pour y arriver. Prêt à travailler dur, bien sûr – je voyais bien que pour devenir un Denis Brogniart, il ne fallait pas avoir peur de retrousser ses manches –, mais prêt aussi à attendre les bonnes rencontres, à tomber sur les bonnes personnes. Pendant toute ma traversée du désert, je n'ai jamais cessé de frapper aux portes des productions, avec des projets d'émissions et des idées plein la tête. Chaque fois, on acceptait de me rencontrer, on me recevait et on m'écoutait. Mais rien de concret ne se passait ensuite. On ne me rappelait jamais. Jusqu'en 2014 où, à force d'obstination et de travail, parce que j'avais enfin rencontré les bonnes personnes, un changement s'est finalement opéré. Mon rêve devenait réalité : devenir animateur. Un métier que j'ai accompli avec passion pendant cinq ans en prouvant que j'avais eu raison d'y croire et de m'investir.

17.

Depuis que je fais de la télé, j'ai à cœur de faire bouger les lignes, de changer les choses. Comme un preux chevalier – avec une baguette magique plutôt qu'une épée ! Moi qui aime prendre des risques et choisir les chemins tortueux, avec la télé, on peut dire que j'ai misé sur le bon cheval...

Il me semble qu'une victoire est plus délectable quand on met les mains dans le cambouis et qu'on choisit la difficulté. Ma vie, sans ça, ne vaut rien. Certains ont besoin d'avoir des montagnes de fric, d'autres des jolis souliers sur mesure, pour exister pleinement, moi, pour me sentir en sécurité, j'ai besoin d'apprendre, de grandir ; j'ai besoin de me sentir chaque jour meilleur et plus fort que la veille. Tant pour mes enfants que pour mon avenir, l'avenir de ma famille. Entouré de gens qui me suivent, me portent et me font confiance. J'ai besoin de porter les autres et de me sentir porté. Et on devrait tous être comme ça : on ferait changer le monde. Malheureusement, j'ai l'impression qu'on est plutôt en train de perdre le sens des réalités, de se regarder le nombril en attendant que ça se passe. Peut-être que cette crise de la Covid-19 va nous ouvrir les yeux, nous aider à nous recentrer sur des principes indispensables : vivre ensemble, s'entraider et se tirer mutuellement vers le haut…

Je suis sûr que la télévision a un rôle à jouer ; elle peut changer énormément de choses et faire évoluer les mentalités. Grâce aux millions que rapportent les différentes chaînes, on pourrait proposer des programmes intelligents et solidaires pour sauver les agriculteurs, les personnels soignants et certaines PME qui souffrent. Ce n'est pas en racontant des histoires d'amour à l'eau de rose dans des sitcoms idiotes qu'on va aller bien loin : pour faire changer les choses, il faut montrer le quotidien de ceux qui bossent, leurs souffrances, leur réalité douloureuse ; aider des entreprises à sauver leurs 200 salariés des griffes de la délocalisation en Pologne ou ailleurs…

Il est urgent de remettre la valeur humaine au centre de toute chose, à la télé comme partout ailleurs. Les gens sont assoiffés de chiffres, de taux d'audience, de « résultats » et de bénéfices. On ne vit pas au pays des Bisounours, certes, et il n'est pas question de ne pas faire d'affaires, mais il faudrait rééquilibrer les choses si on ne veut pas perdre définitivement le sens des valeurs, de l'importance du travail et risquer un juste retour de manivelle. Sans jamais négliger le fait que c'est le public qui décide de la notoriété des gens et du succès de telle ou telle émission : si demain il n'est plus au rendez-vous, c'est tout un business qui s'envole avec lui, la télé ne vaut plus rien… On l'oublie un peu trop souvent.

Si j'ai face à moi demain une équipe de sportifs ou de candidats qui viennent pour donner le meilleur d'eux-mêmes, montrer de quoi ils sont capables et qui sont décidés à se démener, je ferai tout pour qu'ils se sentent portés et protégés, pour qu'ils se souviennent que je les ai aidés à briller et à se surpasser, que je les ai valorisés. La reconnaissance, c'est essentiel. Je refuse de prendre le même chemin que mon père et de courber l'échine parce que certains veulent profiter de moi. Toute ma vie j'ai connu des passages à vide et mon chemin n'a pas été un long fleuve tranquille ni une promenade de santé. Il a été semé d'embûches. Mais c'est le cas pour beaucoup d'entre nous. Pourtant, je ne me suis jamais laissé abattre parce que je connais, au fond, ma valeur et mes qualités. Ce n'est pas de l'arrogance mais plutôt une forme d'espoir. Je me montre irréprochable et digne de respect quoi qu'il m'en coûte.

Il faut dire que je n'ai rien lâché, et, par ailleurs, j'ai eu la chance de rencontrer des personnes exceptionnelles. Alexia Laroche-Joubert fait partie de ces gens qui m'ont écouté et pris au sérieux. Cette femme a été la première personne à me demander ce que je voulais faire et à me suivre. Elle m'a fait confiance. Ensemble, on a fait « Moundir et les apprentis aventuriers ». Certes, cette émission ne mérite pas le prix Nobel, mais on a eu un bon taux d'audience et sur le tournage, j'ai pu faire mes preuves : l'équipe était soudée, chacun assurait son travail avec professionnalisme. J'avais beaucoup regardé faire Denis Brogniart sur « Koh-Lanta », et, comme lui, je traitais avec le plus grand respect chaque technicien de l'équipe : chaque maillon de la chaîne a son rôle dans une émission de télé, comme dans n'importe quelle entreprise, il ne faut négliger personne. Sans cameraman, sans maquilleur et sans ingénieur du son, pas de tournage. Il ne faut jamais l'oublier. Au final, cette émission a été une belle aventure humaine.

Aujourd'hui, devenir producteur est mon nouveau parcours du combattant, un autre chemin escarpé à gravir. Je marche sur des œufs, je trébuche, mais je ne me laisse pas intimider. Jamais. Et je me battrai jusqu'à obtenir, demain ou après-demain, peut-être dans plus longtemps encore, ce que je veux vraiment : ni la gloire ni l'argent, mais un travail en équipe qui ait du sens. Ce sera ça, ma vraie victoire. La France est en retard sur beaucoup de choses et elle ne met pas en valeur ses talents, elle ne capitalise pas sur son peuple, sur ces gens qui sont la force du pays. J'ai sans doute hérité de mon grand-père, qui s'est battu durant la guerre d'Algérie, son côté résistant et déterminé : j'aime ce qui est juste et je crois profondément en la valeur des êtres humains. Personne ne pourra jamais me pervertir pour de l'argent ou de la notoriété, mais pour ma famille, pour mes proches et mon équipe, je suis prêt à aller très loin, à soulever des montagnes. Même dans ce milieu hostile de la télé.

18.

La dernière fois que je suis allé en Algérie, c'était pour les obsèques de mon père. À l'époque, ça faisait douze ans que je n'y avais pas mis les pieds. Et pour une bonne raison : comme j'avais la double nationalité, à ma majorité, j'avais dû choisir de faire mon service militaire en France ou en Algérie. Je considérais que c'était une perte de temps, ce service militaire. Et je ne me voyais pas adhérer à la rigueur de l'armée : je l'avais déjà, cette rigueur, par l'éducation que j'avais reçue. Je ne voyais pas pourquoi servir ou être patriote, c'était s'entraîner à tuer. Dans mon entourage, les garçons plus âgés que moi qui avaient fait leur service dans une caserne en Allemagne ou en région parisienne revenaient juste avec leur permis de conduire en poche. Ça ne leur avait pas servi à autre chose.

Pour me soustraire au service militaire français, j'avais prétexté avoir choisi de le faire en Algérie. Mais comme là-bas, le service est loin de ressembler à un séjour au Club Med – et qu'il dure trois ans ! –, il fallait absolument que je trouve le moyen d'être réformé… Je pensais que les broches dans ma jambe allaient facilement me servir d'alibi : ça n'a pas été aussi simple que ça.

Au consulat d'Algérie, rue d'Argentine, près des Champs-Élysées, le médecin à qui j'avais eu affaire avait trouvé que ma jambe n'allait en aucun cas m'empêcher d'aller fabriquer une route au bled, en plein milieu du désert, par 45 °C… Assis dans la pénombre derrière son petit bureau en bois cabossé et désuet, il m'avait interrogé comme si j'étais un meurtrier de la série *Arabesque* : ce gars jouait le rôle de sa vie, pour lui, j'étais un suspect ; l'interrogatoire allait être sévère… C'était pas rassurant, comme ambiance !

Heureusement, dans ma poche, le certificat médical du docteur qui m'avait opéré allait me sortir de ce mauvais pas. Mais, quand ce médecin m'avait demandé si j'avais un problème physique et que j'avais expliqué mon cas en exhibant mon va-tout, ça ne lui avait fait ni chaud ni froid :

— Ah, t'as de la ferraille dans la jambe ? Bon, t'es apte, c'est parfait.

Je l'avais observé les yeux écarquillés, mais il avait répété que j'étais apte. J'avais bien entendu… J'étais désespéré.

En apprenant la nouvelle, mon père avait fait des pieds et des mains pour trouver une solution auprès de ses amis, de ses connaissances : on lui promit alors de m'aider contre un réfrigérateur, ou un magnétoscope, mais rien de concret ne se réalisa et je décidai de laisser tomber. La seule solution : ne plus jamais me rendre en Algérie. Parce que si t'es pas en règle avec l'armée, à la frontière, un fourgon t'attend et t'emmène illico…

Tristesse infinie. Ma grand-mère était encore vivante à l'époque, et j'aurais bien aimé pouvoir lui rendre visite une dernière fois… Les vacances au bled, la famille, les étés à la plage avec les cousins, c'était définitivement terminé. Je devais faire une croix dessus.

Neuf ans après cette histoire de service militaire – neuf ans donc sans avoir mis les pieds là-bas –, alors que je jouais encore au basket et que je m'entraînais avec l'équipe du ministère des Finances, je fus convoqué au consulat d'Algérie : l'armée m'attendait, je devais partir servir mon pays… Mince, cette fois, je n'allais pas y couper.

Me voilà reparti au consulat, le même certificat en poche apportant la preuve de ma lourde intervention chirurgicale et de la présence de broches métalliques dans ma jambe… Mais je ne faisais pas le malin : je savais bien que l'armée algérienne attendait depuis dix ans que je me présente et qu'elle n'était pas du genre à rigoler avec ce genre de choses… Dans le cadre de l'accord franco-algérien, il fallait bien qu'un jour ce petit monde se rendît compte que je n'avais fait mon service ni d'un côté ni de l'autre de la Méditerranée.

Dans le bureau du médecin, ce fut à peu de chose près le même scénario que la première fois, bien que cet homme fût nettement plus jeune que le précédent et que j'aie distingué un peu plus de lumière autour de moi : on était passé de l'ambiance d'*Arabesque* à celle de *Columbo*, cette fois on connaissait le nom de l'assassin mais il fallait deviner comment l'inspecteur, alias Peter Falk, allait remonter sa piste !

Le jeune docteur me fit asseoir et me demanda comment j'allais. Il était sérieux, très sérieux. Comme la première fois, je relatai mon accident, la rééducation, les vis dans le tibia, etc. Pour examiner ma jambe, il me demanda de remonter mon pantalon. Il observe en silence ma cicatrice sous toutes les coutures avant de lancer, sûr de lui :

— Vous avez des vis dans la jambe ? Vous êtes inapte.

J'étais tellement heureux et soulagé que je n'en crus pas mes oreilles et lui fis répéter :

— Vous êtes sûr ? Vous n'avez pas besoin de m'ausculter ? De me poser d'autres questions ?

Mais il coupa court à la discussion :

— Inapte, ça vous va ou pas ?

Oui, oui, bien sûr que ça m'allait. C'était même mieux que ça ! J'aurais pu l'embrasser tellement j'étais heureux.

Il se leva, me raccompagna à la porte de son bureau, et m'indiqua un autre guichet, quelques étages plus haut, où je devais me rendre pour récupérer mes papiers et la fameuse lettre rendant officielle mon inaptitude. Jamais je n'ai été aussi fier d'être inapte à quoi que ce soit !

En rejoignant le fameux bureau, j'étais sur un nuage. Enfin la fin de cette histoire ! J'allais pouvoir me déplacer en Algérie comme bon me semblait ! Alors que je patientais dans la file d'attente, derrière des comptoirs, toute une armée d'employés étaient en pause déjeuner. Certains grignotaient quelques carottes dans une boîte en plastique, d'autres dévoraient un sandwich à pleines dents. Quelqu'un finit par m'appeler :

— M'sieur Zoughari ?

Je m'avançai et tendis fièrement le papier qu'on venait de me remettre. Le gars le regarda avec attention. Dessus, il était inscrit que je travaillais au ministère des Finances.

— Vous bossez au ministère ? me demanda-t-il.

— Oui, oui, je suis basketteur dans l'équipe de Bercy.

Les autres employés, la mine circonspecte, se tournèrent vers moi. Tous me dévisagèrent. L'agent me regarda droit dans les yeux et me demanda de sortir et de m'installer dans la petite salle d'attente à côté. Je patientai un quart d'heure sans rien comprendre à ce qui était en train de se jouer. L'inquiétude commençait à me gagner. Puis l'homme revint et m'annonça qu'il allait garder mes coordonnées et me rappeler. Mais... et mon papier ? On ne me le donnait pas ?

— Ne vous en faites pas, on va vous rappeler.

Quand je retrouvai mon père qui m'attendait sur le trottoir, je lui racontai ce que je venais de vivre :

— On m'a déclaré inapte mais on ne m'a pas remis mon attestation, on me rappellera…

J'étais livide, inquiet : qu'allait-il se passer maintenant ? Pourquoi avaient-ils pris mes coordonnées ? Calme et philosophe, comme à son habitude, mon père répondit placidement :

— C'est pas grave, laissons faire, fiston, on verra bien.

Près d'un mois plus tard, je reçus un appel du consulat général d'Algérie : j'étais convoqué. Mon père m'accompagna de nouveau. J'étais pétrifié de trouille. À notre arrivée, on s'attendait à patienter encore sur un banc dans un coin, à l'accueil. Cette fois, pourtant, on nous a fait monter directement au sixième, un étage que je n'avais jamais vu. Qu'aucune personne ne travaillant pas dans ces bureaux n'a jamais vu, à mon avis ! Là-haut, j'avais l'impression d'avoir fait un « mot compte triple » au Scrabble, d'avoir marqué des dizaines de points d'avance : fauteuils en cuir, vases fleuris, décoration raffinée… J'interrogeai mon père du regard et je me rendis compte qu'il ne comprenait pas plus que moi ce qu'on faisait là. Mais il ne disait rien. Comme toujours, sérieux et mutique. Respectueux. On nous fit rentrer tous les deux dans un bureau. Ce fut le vice-ambassadeur qui nous reçut. Il nous salua poliment, nous fit asseoir. Il était avenant, très courtois. Il engagea la conversation avec mon père ; ils parlèrent politique. Mon père adorait la politique. Quand il avait le temps, il aimait regarder deux choses à la télé : les documentaires animaliers et les infos. Il n'y avait pas LCI à l'époque, mais dès qu'il a eu découvert cette chaîne, il l'a regardée en continu le week-end et le soir. C'était son Netflix ! Autour de nous, tout était beau, sobre et classe. Ça sentait la cire fraîche et le propre. Les deux hommes discutaient, discutaient, et moi j'observais. Au mur étaient affichés le drapeau algérien et une grande photo du président ; c'était Chadli Bendjedid, à l'époque. Mon père se sentait comme un poisson dans l'eau, moi j'avais l'impression d'être coupable d'un crime que je n'identifiais pas. J'étais dans mes petits souliers. J'attendais la sentence. Le vice-ambassadeur se tourna enfin vers moi et me dit :

— Alors comme ça, Moundir, tu travailles au ministère des Finances ? Mais qu'est-ce que tu fais exactement, là-bas ?

— Je joue au basket, M'sieur, et j'ai un travail : je m'occupe des envois postaux.

— On est très fiers d'avoir des ressortissants bien placés, et on aimerait que ceux-là puissent aider nos compatriotes…

J'étais à mille lieues de comprendre à quoi il était en train de faire allusion. Je voulais juste repartir avec la preuve de mon inaptitude au service militaire… Lorsqu'il me demanda de lui décrire « exactement » en quoi consistait mon travail, je compris enfin ce qui était en train de se jouer dans ce bureau ! Je lui fis alors comprendre que je n'étais qu'une petite main dédiée au service du courrier, que je tamponnais des plis toute la journée avant de les déposer dans des sacs postaux qui étaient ensuite remis à des coursiers. Ça clôtura assez rapidement le débat : je n'allais pas pouvoir l'aider à faire des trucs louches au service des cartes d'identité…

Il termina la conversation en me demandant aimablement ce que j'allais faire une fois réformé :

— Je veux pouvoir retourner dans mon pays d'origine en toute légalité, revoir ma famille, honorer la tombe de mes grands-parents.

— C'est bien, tu es un bon fils, conclut-il, avant de faire entrer son secrétaire et de tamponner – enfin ! – ma carte.

Ce petit bout de papier qu'il venait de me remettre, c'était mieux que les 10 000 francs de la Valise RTL ! Mon père avait fait des pieds et des mains en Algérie pour qu'on me laisse tranquille avec cette histoire de service militaire. On lui avait demandé des frigos, des télés… Des années après, ce petit coup de tampon valait de l'or. J'avais l'impression d'être un condamné qui n'avait rien fait et qu'on raccompagnait enfin à la sortie de la prison. En me tendant cette carte, cet homme m'a rendu ma liberté.

Une fois dehors, mon père avait les yeux qui brillaient. Et je sais bien que ça n'avait rien à voir avec mon service militaire : j'allais enfin pouvoir rentrer chez nous, en Algérie. Ma mère fut soulagée et heureuse, elle aussi. Peu de temps après, une nouvelle loi passa : fin du service militaire obligatoire pour les enfants d'émigrés nés après 1973…

L'été suivant, en mettant les pieds sur le tarmac à la descente de l'avion, douze ans après mon précédent voyage, j'ai pleuré d'émotion. La chaleur accablante, le ciel d'un bleu intense, l'odeur des arbres en fleurs, l'ambiance… Tout m'était revenu à l'esprit : le lycée Pasteur, l'internat et sa discipline carcérale, ma mère qui m'avait alors manqué viscéralement… Cette expérience avait vraiment été douloureuse pour le petit garçon que j'étais alors.

19.

Au moment d'écrire les dernières pages de ce livre, mes souvenirs d'enfant refont surface et mon père me manque plus que jamais. Si seulement il pouvait voir celui que je suis devenu. J'aimerais tant lui présenter mes enfants et qu'il les serre contre son cœur.

Je nous revois, l'été, main dans la main au marché de Mostaganem, moi si petit et effrayé par la foule, le bruit et les odeurs, lui si grand, si fort, me rassurant d'une tape sur l'épaule, d'un mot. Pendant que ma mère dirigeait les « travaux » en cuisine, entourée de toutes les femmes de la famille, c'était entre hommes que nous allions au marché. Et quel marché ! Les hurlements, le monde, les effluves des carcasses de viande qui pendaient, des entrailles de poissons qui gisaient au milieu des chats et des enfants des rues qui vendent des petits mouchoirs et traînent pieds nus au milieu d'une foule grouillante et bruyante. Les sacs plastique déjà usagés qui se déchirent dès qu'on y met quelque chose, le vieux papier journal pour emballer les épices ou même les pâtes, vendues en vrac… Au milieu de ce labyrinthe d'étals d'huile d'olive, de sucre et de farine envahis de mouches et déjà brûlants à 9 heures du matin, il n'était pas rare de trouver un mécanicien en train de réparer le moteur d'une voiture, ou de croiser ou un barbier en plein travail. L'odeur était indescriptible et les cafards tellement gros que même les chats n'osaient pas s'embrouiller avec eux. Mon père était au-dessus de tout ça. Il avait grandi dans cet univers et en connaissait tous les codes ; il savait exactement comment faire au milieu de tout ce monde. Il savait choisir le raisin, les pastèques. Les sacs à la main, je le regardais faire et n'en perdais pas une miette. On marchait dans cette foule, les deux pieds dans la pauvreté. En pleine misère.

Ma mère, elle, nous protégeait et nous surveillait. Quand on se battait avec les voisins qui nous traitaient d'« émigrrrrris » pour nous tester (et un peu par jalousie, sans doute), ce n'étaient jamais les hommes qui venaient prendre notre défense. Ils ne se mêlaient pas de ces histoires d'enfants. C'était le rôle de notre mère. Elle considérait que mon père avait autre chose à faire, tant sa charge de travail et la responsabilité d'une famille nombreuse était énorme. C'était elle qui se chargeait de ces histoires de gamins.

À cela s'ajoutait la patience de ma mère. Elle nous a élevés avec tellement de douceur et de rigueur en même temps. Elle a toujours obtenu tout ce qu'elle voulait. Elle avait systématiquement le dernier mot et toujours raison ! Elle savait exactement comment prendre son mari et obtenir de lui tout ce qu'elle voulait. Elle faisait tellement de choses à la maison… C'était un boulot à plein temps. Vous imaginez, six garçons ? Je m'en rends compte encore mieux quand je vois ma femme au quotidien avec nos enfants. Même si on n'en a que trois. Et j'en ai pris pleinement conscience pendant la crise de la Covid-19. Je suis admiratif de ce que font les mères et de leur implication dans la vie de leurs enfants. Ça ne s'arrête jamais ! Les mecs peuvent frimer en soulevant de la fonte mais ce n'est pas la vraie vie. Il faut tellement d'énergie pour élever ses enfants !

Plus je vieillis, plus j'ai de respect pour notre mère. Elle porte encore la responsabilité d'une maman sur nous six, ses garçons. L'exemple de la force dans la famille, c'est elle. Mais c'est aussi l'amour et le respect qui ont régné toute leur vie entre mes parents.

Notre famille n'a jamais eu pour objectif de faire fortune. Elle a fait le choix du cœur et du travail. Chez nous, on a ce qu'on mérite, mais on ne sera jamais milliardaires. Mon père a trimé toute sa vie sans jamais être payé à la hauteur de son talent. Et l'histoire se répète. La seule chose que je souhaite en quittant ce monde, c'est que mes propres enfants ne dépendent que d'eux-mêmes pour vivre, qu'ils puissent compter sur leur éducation, leur savoir : mériter ce que je gagne, à la sueur de mon front, c'est ma devise. Je ne veux pas que mes enfants souffrent de ce dont ont souffert mes parents et mes grands-parents. Je veux qu'ils n'aient pas à se justifier d'être français.

Depuis l'indépendance, en 1962, pas grand-chose n'a changé finalement. Un nom ou un prénom maghrébin continue de jouer contre soi, le racisme est toujours aussi présent et parfois pire avec l'essor des réseaux sociaux derrière lesquels se cachent les remarques et les réflexions les plus ignobles. Pourquoi mon prénom devrait-il être systématiquement associé à un mauvais payeur, un bon à rien ou un paumé ?

Mes enfants, c'est à vous que je dédie ce livre ; vous connaissez maintenant l'histoire de votre papa et de votre grand-père, à vous de prendre en main votre vie, d'assurer la relève et de me rendre aussi fier que mon père l'est là-haut, je l'espère.

Remerciements

Je tiens à remercier mon éditrice, Noëlle Meimaroglou, chez Robert Laffont, sans qui ce projet n'aurait jamais pu voir le jour.

Merci également à Olivia Karam, qui a su transcrire mes propos avec authenticité, et à Kamran, mon fidèle ami.

pca
cmb
édition pré-presse
livres numériques

44400 Rezé

MIXTE
Papier issu de
sources responsables
FSC® C003309
FSC
www.fsc.org

L'éditeur de cet ouvrage s'engage dans une démarche
de certification FSC® qui contribue à la préservation
des forêts pour les générations futures.

Pour en savoir plus :
www.editis.com/engagement-rse/

Imprimé en France par CPI
en mai 2021

N° d'édition : 61846/01
N° d'impression : 163109

DEIN COACH ZUM ERFOLG!

Dein ActiveBook auf My**STARK**:

Du kannst auf alle digitalen Inhalte zu diesem Band online zugreifen. Registriere dich dazu unter **www.stark-verlag.de/mystark** mit deinem **persönlichen Zugangscode:**

C08500-001339

Die Inhalte dieser Auflage stehen bis Schuljahresende zur Verfügung.

My**STARK**

Das Active**Book** *bietet dir:*

- Viele zusätzliche interaktive Übungsaufgaben zu allen prüfungsrelevanten Kompetenzbereichen
- Sofortiges Feedback und Auswertung der Ergebnisse
- Interaktive Lösungen: in kleinen Schritten zum Ergebnis
- Vorgerechnete Beispiele als weitere Hilfe
- Lernvideos mit Erklärungen zu zentralen Themen
- Online-Glossar zum Nachschlagen wichtiger Definitionen

DEIN COACH ZUM ERFOLG!

So kannst du interaktiv lernen:

Interaktive Aufgaben

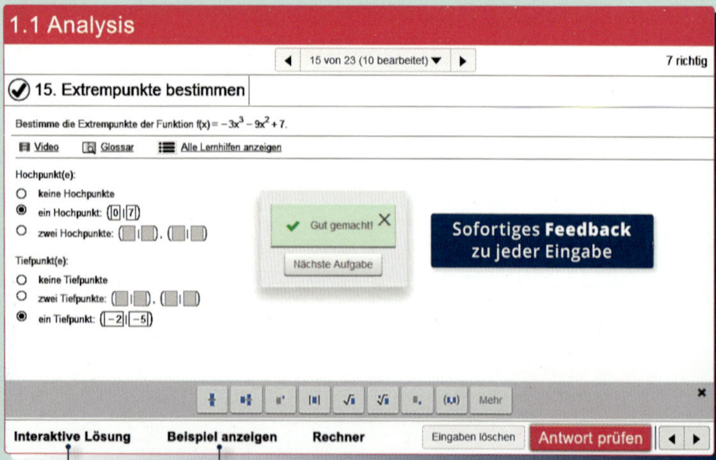

Sofortiges Feedback zu jeder Eingabe

Interaktive Lösung mit kleinschrittiger Anleitung zu jeder Aufgabe

Vorgerechnetes **Beispiel** zu jeder Aufgabe

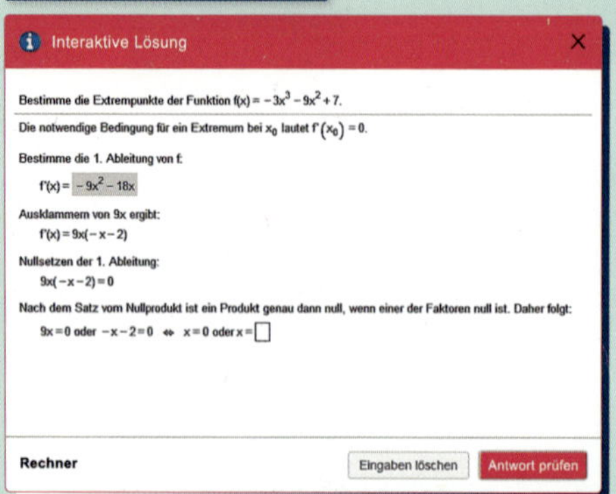

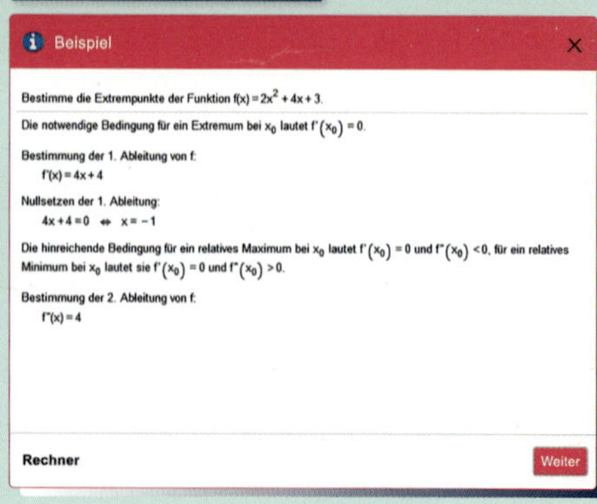

Systemvoraussetzungen:

- Mindestens 1024×768 Pixel Bildschirmauflösung
- Chrome, Firefox oder ähnlicher Webbrowser
- Internetzugang